さすが！といわれる合唱指導の原則

―音楽教師がつくる
　ステキな歌声づくりのヒント

横崎剛志 著

学芸みらい社
GAKUGEI MIRAISHA

はじめに

　合唱指導を始めて29年になる。
　新任として着任した学校で、なんとも頼りない声で歌う子どもの姿を見て「子どもって、もっとエネルギーがあるはずだ。こんな歌声じゃないはずだ。」と、手探りで始めた合唱。

　教師5年目でNHKコンクールに出始めたものの、常に予選落ち。「声量がないねぇ。」「ハーモニーになっていないよ。」といつも知り合いから酷評された。予選を通過していく学校の演奏を聴いて「なんで、あんな声で歌えるんだ？どうやって指導したらいいんだ？」ともがいていた頃。

　「本気でやれば、誰かが助けてくれる」という言葉通り、やがて多くの素晴らしい合唱指導者、仲間に出会うことができた。子どもたちと合唱を通じて音楽を作っていくことが、楽しくて仕方なかったとき…。

　埼玉県の代表として上のコンクールに進むものの、分厚い関東の壁に何度もはばまれ、全国まであと一歩手が届かず…専門的な勉強が、素養が足りない！と、さらに高い峰を目指すには限界を感じつつ。でも勉強を続けている今。

　やればやるほど、わからないことが出てくる。今でも常に「これでいいのかな…」と手探りの状態だ。しかし、やっていることがいいのか、よくないのかは必ず目の前の子どもたちが教えてくれる。

　こうやって学んできた合唱だが、自分の学校の子どもたちを指導したり、あちこちの学校の指導に行ったり、TOSSのセミナーで講座を受け持ったりするうちに、かつての自分のように「どうしたらいいんだろう」と苦しんでいる仲間がたくさんいることを知った。
　子どもたちとすてきな合唱がしたい、子どもたちをすてきな歌声で歌えるように育てたい。そんな思いを持つ仲間のヒントになるように、指導のポイント

をまとめることはできないのだろうか…。
　向山洋一先生の「授業の腕を上げる法則」のように、シンプルかつ効果がある指導の原則として。

　夏から秋にかけて多くの学校で子どもたちを指導する機会が増えてきた。
　全く違う学校、様々な学年、難易度の違う曲。初対面の子どもたち。初めて聞く歌声。
　一度歌声を聞かせてもらった後にすぐ指導に入らなければならない。しかし、特に慌てることもない。どんな状況でも変わらない指導の原則があるからだ。

　合唱指導を通して、TOSSでもおなじみの眞鍋なな子先生をはじめ、多くの素晴らしい先生方に出会うことができた。
　中でも多くのメソッドを学んだのは3人の先生方からである。

元東京都暁星小学校　教諭	蓮沼勇一　先生
合唱指導者	鈴木成夫　先生
合唱指導者・ハーモニーのマジシャン	坂本かおる先生

　それぞれの先生が持つメソッドは、オリジナリティーがありながら、どのメソッドも、子どもたちを伸ばしていくわかりやすさと絶大な効果を持つ。
　もちろん、1つのメソッドをとことん追求し、自分自身の力にしていくこともよいだろう。私自身も、あるときは蓮沼メソッドにこだわって指導し、またあるときは坂本メソッドに徹底的にはまり…と、それぞれのメソッドをとことん追求することで、その使い方やポイント、あるときは自分には使い切れないことがあることに気づくことができた。
　そして、結果として今の自分の力にあったメソッドをいいとこ取りして使っていくことが、子どもたちを効果的に伸ばしていくことにつながっている。

　そんな中、それぞれのメソッドの原点がリンクしていることに気づいた。
　例えば、

子どもたちの歌声が地声で平たい

　そんなとき、原点がリンクしているメソッドを次々に繰り出し、指導していく。
　指導が目の前の子どもたちにピタッとはまると、歌声が一気に変わる。
　指導の原則は「引き出しそのもの」であり、メソッドは「引き出しの中身」だ。開ける引き出し＝原則さえあっていれば、効果的に指導を進めることができる。

指導したいこと＝指導内容

開ける引き出し＝原則 引き出しの中身＝メソッド 　　　　　　指導方法

　原則とメソッドを明確にしていけば、合唱指導に悩むより多くの仲間の役に立つのではないかと考えた。
　そんなとき、TOSS音楽代表の関根朋子先生より書籍としてまとめる機会をいただいた。

さすが！といわれる合唱指導の原則 音楽教師がつくるステキな歌声づくりのヒント

　「原則」という言葉にこだわったのは、教師として駆け出しだったときの自分にとっても、今の自分にとっても変わることのない向山先生の名著、我がバイブル

授業の腕を上げる法則

へのあこがれと敬意の表れでもある。

　この本が、現場で音楽の授業を通し、合唱を通して子どもたちを育てたいという、熱い思いを持つ多くの仲間の役に立つことを願っている。

横 崎 剛 志

目　次

はじめに　　　　　　　　　　　　　　　　　　2
この本の活用の仕方　　　　　　　　　　　　　10

声づくり
発声技術の指導ポイント

原則1　歌声生活の原則

1　しゃべり声を変えよう　　　　　　　　　12
2　歌声の返事で声づくり　　　　　　　　　13
3　楽しく繰り返そう　　　　　　　　　　　15
4　長い返事と短い返事の使い分け　　　　　17
5　「あくび喉」って本当？　　　　　　　　17
6　担任による歌声指導5つのポイント　　　18
7　遊びながら声づくり　　　　　　　　　　21
8　あらゆる場面で声づくり　　　　　　　　25

原則2　長息の原則

1　長いブレスは姿勢から　　　　　　　　　29
2　息のイメージ　吸い上げて、吐き上げる　32
3　上の声・息の上に声をのせる　　　　　　38

原則3　鯉のぼりの原則

1	鯉のぼりの口（トランペット効果）	43
2	鯉のぼりを使った発声指導	45
3	効果絶大「くちばし」	47
4	鯉のぼりの活用	48

原則4　マヨネーズの原則

1	おなかを使う？	50
2	マヨネーズ	50
3	進化形マヨネーズ	53
4	マヨネーズを使う	55

原則5　NGハミングの原則

1	ハミングからNGハミングへ	56
2	腹圧のかかったハミング	57
3	「んご」で声づくり	59
4	「んご」歌い	60

原則6　毎日ちょっとずつの原則

1	4月から声づくり	63
2	声づくりシステム	64

音楽づくり
音楽表現技術の指導ポイント

原則7　ハモりの原則

1　ごどごど遊び　　　　　　　　　　　　　　74
2　全部のパートを音取り　　　　　　　　　　77
3　まぜこぜ歌い　　　　　　　　　　　　　　79
4　部活レベル……ヨナぬき音階　　　　　　　80

原則8　言葉かたまりの原則

1　言葉のかたまりで歌う　　　　　　　　　　82
2　「言葉のあたま」の歌い方　　　　　　　　84
3　言葉のあたまをつかむ　　　　　　　　　　86
4　子音は長さが命　　　　　　　　　　　　　90
5　言葉の最後はソフトクリーム　　　　　　　91

原則9　数学的表現の原則

1　音型音量比例の原則　　　　　　　　　　　95
2　言葉と音量反比例の原則　　　　　　　　　96
3　クレッシェンドの原則　　　　　　　　　　98
4　変色の原則　　　　　　　　　　　　　　　103
5　最初と最後とクライマックス　　　　　　　105

人づくり
教師としてのあり方

原則10　温かい嘘の原則

　　1　素晴らしい音楽教師の共通点　　112
　　2　指摘せずにできるようにする　　115
　　3　温かい嘘をつき続ける　　115

コラム

　顔で指揮をする　　42
　「でかい声」の問題点　　62
　「短い」「楽しい」指導　　94

　あとがき　　118

この本の活用の仕方

この本は、

```
原則1～6     声づくり編   ＝  発声技術
原則7～9     音楽づくり編 ＝  音楽表現技術
原則10       人づくり編   ＝  教師としてのあり方
```

という構成になっている。

「声づくり」の原点となる「原則1　歌声生活の原則」「原則2　長息の原則」については、是非先にお読みいただきたい。
　この2つの原則は、「声づくり」の核であり、はずすことができない。
　担任の先生なら、この2つだけを朝の会の歌などで意識して取り組んでいけば、必ず歌声が変わってくる。毎日取り組める担任にこそ、役に立つ実践内容だ。

　音楽専科の先生は、原則3～5を斜めに読んでいただいた上で「原則6　毎日ちょっとずつの原則」を日頃の音楽の授業に取り入れていただきたい。
「原則6　毎日ちょっとずつの原則」に示した【声づくりシステム】を実践するには、必ず原則1～5を熟読せざるを得なくなる…そのような構成になっている。

　原則7～9は、校内音楽会、地区音楽会、中学校の合唱祭等、少しこだわって音楽表現をつくるときに、必要なところを使っていただければよい。
　部活動で合唱に取り組んでいる方には、「原則7　ハモりの原則」が必須となる。ハーモニーなくして本来の合唱はあり得ないからだ。

　原則10は、音楽以前の、教育者としての原点になること、自分が今までに身に染みて感じてきたことをまとめた。

声づくり

発声技術の指導ポイント

原則1　歌声生活の原則

1　しゃべり声を変えよう

　坂本かおる先生は著書『かおるせんせの合唱塾』（音楽之友社）の中で、次のように言っている。

> 　日本には古来、声を合わせる文化が存在しなかったので、日本語を話す我々の声はハモりにくいのです。ところが合唱音楽の生まれたヨーロッパは、石畳み、石の家、乾いた空気という、木と紙の家＋湿気の日本とはまったく異なる生活環境。それに加え毎週日曜日には、石でできたわんわん響く教会という特殊空間で1000年以上も音の重なり、響き合いを培ってきたのですから、我々がハモれないのも無理はありません。
> 　だったら我々もあの音声で話せばいいのです。声帯は同じなのだから話し方さえ変えれば、ハモりやすい声が手に入るのです。

　ハモる文化、声を重ね合わせて歌う文化は日本人のDNAにはないのである。今までの日本人のしゃべりの声では、ハモることを楽しむ合唱の声にはならない。合唱を楽しむためには、合唱に適した声（裏声）で歌うことが必要だ。
　しかし、学校の音楽の時間だけ裏声を使っていても、発声練習をしていても、なかなか合唱に適した声になってこない。
　なぜなら、私たちは、音楽する時間よりも圧倒的にしゃべっている時間のほうが長いため「声帯」がしゃべるときの筋肉の使い方になってしまうのだ。

　では、どうするか。声の元である「声帯」を、歌うときの筋肉の使い方に慣らしてしまえばよい。
　それが、

　　裏声生活（歌声生活）　　だ。

子どもたちに「しゃべり声」と「歌声」の違いを教えるには、教師が手本を示すことが手っ取り早い。しかも、意外なことに男声のほうが子どもたちにとってわかりやすいのである。

　男声は子どもたちの1オクターブ下の高さになっている。そんな男声が裏声を使っているときは、音域が1オクターブ上がり、子どもたちと同じ高さの声になる。

　きれいな裏声でなくてよい。普通にしゃべっている声と、裏声生活でしゃべっている声が明らかに違う！ということが子どもたちに伝わればよい。

　結構伝わりにくいのは、もともと高めの声で、しかもとっても美しい女声だ。声に落差がないのである。先生が一生懸命に変えているつもりでも、子どもたちにとって「どこが違うの？」状態になってしまう。

　そういうときは、かおる先生のようにしゃべり声をひらべったい、だらしない感じの声にするとよい。

　大切なのは、

> 　しゃべり声と歌う声の違いをはっきりさせる

ことだ。

　裏声でしゃべったときに、子どもたちが、

> 　ミッキーマウスの声みたい！

と反応すれば大成功だ。

2　歌声の返事で声づくり

　声づくりは、とにかく単純なことから始めるとよい。
　今までの実践から、

> 　歌声の返事

が最もわかりやすく効果がある。

歌声の返事は、このように指導を進めていく。

> T：みんな、「ハイッ」て、元気にお返事をします。みなさん！
> C：ハイッ
> T：いい返事！
> 　　次は息をしっかり吸ってから返事をします。吸って〜……
> 　　みなさん！
> C：ハイッ！
> T：今度はね、息を吸い上げて〜かっこいい声で「ハイッ」（教師の手本が大事）という声で返事をします。吸い上げて〜
> C：ハイッ！
> T：よし！いい声！

　まず、普段の声でシンプルにスタートする。
　変化のある繰り返しで、まず、力強いしっかりした息の流れをつくっていく。これがこのあとの歌声返事を支える元となる。
　ここで明るいトーンのよい声を出すためのポイントがある。

> 　息を吸い上げる
> 　息を吐き上げる

　この指示は、合唱指導者の鈴木成夫氏から学んだ。

> ○顔の表面で息を吸い上げる（深く吸うのではなく）
> ○笑顔で吸い上げる
> ○そのまま、息を吐き上げる（前に出すのではなく）

　これは、軟口蓋を持ち上げた状態にし、鼻腔共鳴につなげるための指示だ。「笑顔で吸い上げる」ことができると、実に明るいトーンの心地よいファルセット発声ができるようになる。

> T：今度は歌の声で長――いお返事をします。笑顔で息を吸い上げて…
>   「♩はーーーーい♩」（手本）
> C：「♩はーーーーーい♩」
> T：笑顔のままでお返事。
> C：「♩はーーーーーい♩」

　細かいことをあれこれ言うよりも、お返事発声で、しっかりと息の流れた気持ちのよい声を出させてやることが大切だ。

　声がショボショボしているときは、「もっと息を吸ってからお返事」という指示で、声がぐっとしっかりする。

3　楽しく繰り返そう

　歌声生活は、とにかく日常の中で短く・数多く繰り返すことがポイントだ。歌声生活を続けていくだけでも、子どもたちの歌声は変わっていく。

　始めは不安を感じるようなか細い声かも知れない。誰が不安を感じるのか…もちろん、教師である。「大きな声がいい、元気な声がいい」と信じている教師ほど不安を感じ、続けていくことができない。

　しかし、しっかりと「笑顔で息を吸い上げて」から声を出すことができていれば、さほどか細い声にはならない。うまくいかないのは「出せ、出せ！」というわりに「息を吸わせていない」ときだ。

　では、歌声生活を実践していく上で最も適した立場は音楽専科なのだろうか。否！実は最も適しているのは、子どもたちと過ごす時間が多い学級担任なのである。

【学級での歌声生活】
　あらゆるあいさつを歌声にしてしまう。
　朝の会の「おはようございます」から帰りの会の「さようなら」までできる限りあらゆる場面のあいさつを歌声にする。

授業開始にあいさつをさせる約束がある学校なら、

> 当番「これから○時間目の授業をはじめます。」
> 子ども「はーーーーい♩」
> 　　　「よろしくおねがいしまーす♩」

という具合だ。

ロングトーンがだらしなく感じて、感覚的に受け付けない体育肌の先生は、しゃべり方を早く・短くすればよい。でも歌声で♪

> 当番「これから○時間目の授業をはじめます。」
> 子ども「はい♩」
> 　　　「よろしくおねがいします♩」

日常的に歌声生活を進めることに違和感・抵抗感を感じる教師は、
「秋の音楽会に向けて声づくりをはじめるよ。まず、歌声生活からはじめます。」
と、自ら宣言してしまうとよい。自分に対しても覚悟ができる。

大切なのは、教師自身が歌声生活を率先して行うことである。特に男性教員が自ら歌声生活（裏声を使ってあいさつ等）に取り組むことは、子どもたちへの効果絶大だ。

「先生もがんばっている。私たちもやらなくっちゃ。」という、意識の高まり方が違ってくる。

4　長い返事と短い返事の使い分け

　歌声生活をできるだけ多く日常に取り入れるなら、「起立・着席の返事」がある。

> 立つときには「はーーーーい♩」という長い返事。
> 座るときには「はい♩」という短い返事。

がよい。なぜか？

　逆にやってみればはっきりわかる。立つときに短い返事、座るときに長い返事にすると「あれれ？！」というような状態になる。
「はい♩」と短い返事をして立とうとしているのに、さっと立てていない。
「はーーーーい♩」と返事をしながら座るとだらだらした座り方になってしまう。生徒指導的には「指導する立場としては許せない」ダラダラした状態になってしまう。

　発声の視点、筋肉の動きから考えてみよう。

　立つときに使うおなか周りの筋肉の動きは、ロングトーンで声を出すときの筋肉の動き（息を支える筋肉の動き）ととてもよく似ているのだ。だから、ゆっくり立ちながら長い返事をすると、声がとても安定する。

　短い返事をするときには、速度の速い息づかいが必要だ。これは、サッと座るときの筋肉の動きととてもよく似ている。

　長い返事で立ち、短い返事で座る……これは、生徒指導的にも音楽的にも理にかなっているのである（ちょっと強引か?!）。

5　「あくび喉」って本当？

　合唱の講習会や書籍などで「歌うときは、あくびをするときのような喉で」ということがよく言われている。

　合唱を始めた頃（いやいや、「あくび喉」が多くのデメリットを持った指示だと気づくまでずっと…）、私も「あくび喉だよ。喉に太いパイプを通して！息を太く」というように指導していた。

　いわゆる地声のペチャンコの声で歌っている子たちに「あくび喉だよ。喉を

原則1　歌声生活の原則　　　17

開いて」と指導するとどうなるのか。

　ペチャンコの声ではなくなるが、ボワッとした太い喉なりの声になる。「あ！地声じゃなくなった。やった！」と感じてしまうのかもしれない。また、ある程度の高音は、ボワンと響くので「声量のある高い声が出てきた！」と感じるかもしれない。

　ところが、ところがだ。デメリットが次々に起こってくる。

・中間音は重苦しい力のない声になる。いわゆる暗い重たい声。
・高音域の音程はコントロールができず、うわずり気味の声になる。
・さらに高い音域では、音程をキープできず下がるようになる。
・言葉がはっきりせず、ぼそぼそした伝わらない音楽になる。

「あくび喉」を勘違い指導した結果そんな悲惨なことになる。
　私は、それを身をもって実証してきた罪深き教師だ。
　正しい喉の開き方は、「原則5　NGハミングの原則」でお伝えしたい。

6　担任による歌声指導5つのポイント

　「歌声生活」を実践するだけで、担任の先生も日常の指導の中で子どもたちの歌声を変えていくことができる。

　新任校長として着任したA小学校での実践。若手男性I教諭が見事にそれを証明した。

　彼は当時新卒2年目。4年生の担任だ。中学校での臨採経験があり、体育・ICTにおいて素晴らしい力を発揮していた。やる気と誠実さをもち、児童への指導も上手な教員だ。

　しかし、音楽に関しては苦手意識をもっており、最初は「何を指導したらよいのかわかりません。」と困っていた。

　A小では毎年4年生が市内音楽会や地域の文化祭に出場する。当時の音楽専科はご家庭の事情により時間外の勤務はできない方だったので、担任がどう関わっていくかで、子どもたちの成長は大きく変わってくる。

音楽会に出場するに当たって、その基盤となる歌声をどう育てていったらよいか、朝の会などで自分も指導させてもらった。

　また、校長室で4年生の担任2名に「教室での歌声づくり」についてレクチャーを行った。2人の担任は朝の会を中心に熱心に児童の指導を行い、日々4年生の教室から歌声が響いていた。

　そして、翌年度。I教諭には再び4年生の担任（学年主任、並行は新卒臨任男性）を受け持ってもらった。

　1学期の始業式前から、「4月から歌声づくりを始めます。」とI教諭は意欲満々。もちろん、隣の新卒臨任くんも一緒に取り組んでいくようお願いした。

　さて、前年度に行った私の介入指導やレクチャーでI教諭に伝えたことは次のようなことだ。

---

① 毎日歌う（朝の会）
② 歌声生活の実践
③ 伝える意識を持たせる
④ 一人一人をほめる
⑤ 耳から学ばせる

---

①毎日歌う

　担任には音楽専科にない強みがある。それは、子どもたちと一緒にいる時間が圧倒的に長いことだ。また、学級経営がうまくいっていれば、教師と子どもたちが一体となって1つのことに取り組むことができる。

　各校の今月の歌を「朝の会で必ず歌う」。これほど歌声指導の時間が確保できることはない。プチ発声指導を入れて、1日たったの5分。しかし、年間200日授業日があれば、なんと1000分＝約16時間半も練習できるのだ。

　適切な指導が加われば、子どもたちが伸びないはずがない！

②歌声生活の実践

　歌声生活といってもそんなにあれこれできるわけではない。I教諭が取り組

んだのは歌声返事と歌声挨拶だ。
　たとえ市教委から指導者が来る国語の研究授業でも、

> I 教諭：「これから３時間目の授業をはじめまーす♪」
> 子ども：「はーい♪」「よろしくおねがいしまーす♪」

その実践根性には感激した。
　指導者は「あの返事の声はいったいなんですか？」と私に聞いてきたので、しっかりと説明した。「はあ、そうなんですか…」と怪訝な顔をしていたが、そんなことはどうでもいいことだ。そこまで歌声生活を徹底するI教諭を誇りに思った。

③伝える意識を持たせる
　朝の会などで毎日歌っているクラスはあるだろう。しかし、そのとき担任の先生は何をしているのだろうか。よくて子どもと一緒に歌う。ひどいと、事務机に座って事務仕事をする。ま、「歌なんてどうでもいい」と、歌わないクラスより100倍よいが…。
　朝の会の歌であっても教師はしっかりと指導ができる。
　まず、歌う対象をつくることだ。手っ取り早いのは、

> 先生に向かって歌うようにすること。

「先生のほうにおへそを向けて歌います。」と指示し、教師は子どもたちの間を机間指導するように動いていく。子どもたちは、常に教師のほうに体を向け、向きを変えていく。
　次の「一人一人をほめる」こととつなげていくと「伝える意識」が育っていく。

④**一人一人をほめる**

　子どもたちの間を歩きながら教師は何をするのか。子どもたち一人一人の歌声や表情を見てほめていくのだ。できるだけたくさんの「子（個）」を「Aさん、いい表情」「Bさん、口の形がいい」といったように名前をあげてほめたい。

　時折、遠くの子の表情をほめたり、手で「OK」サインを出すことで、「先生は自分を見てくれている」⇒「先生、見て見て」という意識・表情が育ってくるのだ。

⑤**耳から学ばせる**

　より多くのインプットができるのも担任のメリットだ。

　音楽会で歌う曲を給食の待ち時間にBGMのように流しておく。

　大切なのは「できるだけよい歌声の合唱団を選ぶこと」だ。その中で、自然とよい歌声や音楽表現が浸透していく。

　あちこちの研修でI教諭が指導する朝の会の映像を紹介したところ「担任の先生があんなふうにできるなんてすごい」「子どもたちの声が本当にきれい」という感想をいただいている。

　担任もできる、担任だからこそできる歌声指導こそが、合唱教育の原点になるのではないだろうか。

7　遊びながら声づくり

　合唱をはじめた頃、いろいろな勉強会に参加したときに聞いた言葉がある。

○発声のための発声練習にならないように。
○発声練習が訓練にならないように。

　中学校や高校の部活動のように、精密なピッチや音色をコントロールできる声をつくっていくのであれば、アルペジオを移調していくような機械的な訓練やコンコーネのようなトレーニング的な歌唱練習も必要になるのだろう。

　しかし、相手は小・中学生の普通の子どもたちだ。

　クラスの中には、音楽や歌うことが好きではない子もいる。そんな子どもた

ちにとって機械的な発声練習は何の意味もない。機械的なトレーニングで何が変わっていくのか、意味もわからずに（意味がわかっても…）続けられるはずがない。楽しくないからだ。

　では、声づくりにどう取り組んでいったらよいのか。ポイントは、

○楽しい
○誰でもできる
○「でき」「ふでき」が問われない

ことだ。

　そこでおすすめするのが、「遊び発声」だ。要は、歌声（裏声）を使って遊び感覚で声を出す中で、歌声の基礎（歌声の感覚）につなげていく活動だ。

　ご紹介する活動のポイントは…、

---
① 声出し「遊び」として、楽しさを優先すること。
② 身体表現を加えて、全身で活動すること。
③ いきなり裏声音域（地声では出ない音域）からはじめること。
④ 徐々に音域を上げていくこと。
⑤ 徐々にスローにしロングトーンにつなげていくこと。
⑥ 最後は高音域のロングトーンにつなげること。（これが最終目標）

＜遊び発声のバリエーション＞

①おばけ発声

　果たして今の子どもたちに「うらめしや〜」が通じるかどうか…そこは、実態に応じていただきたい。

【◆表⇒身体表現　◆P⇒指導のポイント】

> T：おばけのまね。
> 　「うらめしや〜」
> ◆P⇒語尾で音域が高くなるように
> ◆表⇒手は胸の前にたらし、やや猫背にしておばけのポーズで
> T：「うらめしや〜〜」
> ◆P⇒自然と高音に移調する。半音分など移調量は全く気にせず、その場の雰囲気で。何度か繰り返しながら音域を上げる。
> ◆表⇒猫背からだんだん身体を起こしていく。手は胸の前から、外に開くように動かし、側面に。「や〜〜」で伸ばしている音に合わせて、ゆっくり動かす。
> T：「スローモーションおばけ。う〜ら〜め〜し〜や〜〜〜」
> ◆P⇒目標とする高さになってきたら、徐々に言葉の間を伸ばし、ロングトーンに近づけていく。
> ◆表⇒体は完全に起こし、手の動きもゆっくり大きく「や〜〜〜」のときには、胸が張れるくらい上横に大きく伸ばし、声が消えるときに側面に。

　やってみるとわかるが、高音域・ロングトーンに近づくにつれ、声を出す前のブレスが深くなってくる。
　ブレスのタイミング・量は、教師の動作で示していくことがポイントだ。
　自分が指導するときは、「スーパーおばけ。うーらーめーしーやーーーー」（音の高さはミ♭くらい）でフォルテのロングトーンに持っていく。

②近所の奥様

　ポイントは「おばけ発声」と同じだ。裏声音域から出発し、徐々に高音域へ、そしてロングトーンに。

> T：そこにいる近所の奥さんに。
> 　「あーら、おくさま〜」

原則1　歌声生活の原則

> ◆表⇒近くにいる奥さんに軽く手を振るように。「あーら、やだわー」のときの手の動かし方がおすすめ。ムム…伝えるのが難しい！
> T：10m向こうにいる奥さんに。
> 　「あーーーら、おくさまーー」
> ◆表⇒手の動きを徐々に大きく。上方に動かしていく。音域に合わせて上にというイメージで。
> T：30m向こうの奥さんに。
> 　「あーーーーら、おくさまーーーー」
> ◆表⇒「まーーーー」で伸ばしているとき、手は上方で保つ。

「おばけ発声」も「近所の奥様」も高音域で声を伸ばしているときは、手をしっかりと伸ばし、上方でキープすることもポイントだ。

手が上方で伸びたときのおなかの状態は、いわゆる「おなかで支えているとき」と同じような筋肉の動きになる。身体表現を使って、発声で必要な筋肉の動きにできるだけ近い状態にしていくのである。

③動物の声

動物は発声の天才だ。といっても彼らは発声法など全く考えていない。仲間への合図、敵への威嚇など、自然とよく響く音が必要となり発出しているのだ。犬がどんなに「ワンワン」吠えても、喉をからしているのを見たことがない…そこからも発声が優れていることがわかる。

おすすめは、

> フクロウ　「ホー」
> ◆表⇒「どうぞ」のときの手の動き。
> 　音域が上がりロングトーンに近づくにつれ、動作を上方に大きく。
>
> ネコ　「ニャーオゥ」
> ◆P⇒母音の「イエアオウ」が見事に入っている。初めからスローモーションで。最後は「オ」のロングトーンに。

8　あらゆる場面で声づくり

「声づくり」＝「発声練習」

普通はこのように考えるだろう。

そして、数少ない音楽の授業の中で毎回5分も10分も（まさか10分なんていう方はいないとは思うが）機械的な発声練習をしていたら…本当に時間がもったいない。

せめて歌いながら楽しく声づくりをしたいものだ。

もっというなら、「発声練習」などせずに「声づくり」ができたら最も効率がいい。そこで、おすすめするのが、音楽の授業のちょっとした場面に「歌声生活」を導入する方法だ。

①立つとき、座るとき

音楽の時間は立ったり座ったりすることが結構多いのではないだろうか。そんなときに「歌声生活」を取り入れたい。簡単なことだ。前述の「歌声返事」を使う。

＜立たせるとき＞

教師：皆さん、立ちまーーーす♪

子ども：はーーーーーい♪

＜ちょこっと解説＞

◆正しい息の吸い上げ動作ができると、背筋が伸び腰骨が立った状態になる。初めは肩が上がる子もいるが、気にせず進めたい。

◆息がしっかりと入ったよい姿勢で、立ちながら返事をする。起立動作をしながら声を出している状態になる。

◆立つときに使っている腹部や下肢の筋肉の動きが、ちょうど声（呼気）を支えている動きに近い状態になる。

◆立つときに上あごが落ちないように、する。教師が手本を示し、しっかりとできている子をほめ、手本として全体の前で紹介していくとよい。

大事なことは「返事をする前にしっかりと息を吸う（吸い上げる）」ことだ。「歌声で返事」だけでも効果がないわけではないが、指導を入れずにいると、必ずと言っていいほどボソボソしたつやのない「歌声返事」になる。その状態で「もっとしっかり返事をしよう」と音量を要求していくと、行き着く先は喉鳴りの「オオカミ発声」だ。
　ボソボソ歌声返事は、ブレスが十分でなく、上あごもしっかりと上がっていないため、声が喉に落ちてしまい起こる現象だ。

　再度ポイントをまとめると、

①息を吸い上げ、上あごをもち上げる。そのときに、しっかりと背中を伸ばし、よい姿勢をつくる。
②よい姿勢のまま立ち上がる。
③上あごが上がった状態で「歌声返事」（ロングトーン発声）につなげる。

　たかが、立ちながら歌声返事をするだけなのだが、こうして考えてみると指導する教師は細かなことをわかっていなければならない。
　わかっていれば、上達のポイントをワンポイント指導し、楽しく声づくりを進めることができるのだ。
　例えば、

T：今の返事はとってもいい響きだったよ。20点！
C：えーーっ（がっくりして）
T：いやいや。最初で20点なんてたいしたもんだ。今日は25点を超えたら大合格です。もう一回挑戦してみよう。
C：はーーーーい♩
T：すっばらしい！　23点。
C：エーーーーーっ！　先生、もう一回やらせて！
T：息をもう少し吸い上げれば、25点を超えると思うなぁ。吸い上げる練習。ハイ。
C：(しっかりと吸気)

```
T：そうそう、その吸い方だ！　その息でお返事。どーうぞ。
C：はーーーーい♩
T：わー！　すごい！　24.5！
C：えーーーーーーっ！
```

という具体に、遊び感覚で楽しく、しかも意欲をあおりながら技術の向上につなげていくのである。

```
＜座らせるとき＞
教師：すわります♩
子ども：はいっ♩
＜ちょこっと解説＞
◆座るときも、すぐに返事をさせるのではなく、しっかりと息を吸い上げてから。
◆素早く座ることを要求する。おなかや息の使い方が「スタッカート」に近い状態になる。
```

②**席に戻るとき**

　音楽の時間にはバラバラになったり、グループで活動したりして、多彩な学習形態で取り組むことが多い。
　では、自分の席に戻すときにどうするか。そんなときにも、「歌声生活」を使う。

```
教師：自分の席に♩戻りまーーーす♩
子ども：はーーーーーい♩
＜ちょこっと解説＞
◆自分の席に座るまで返事をし続ける、というルールにしておく。
◆座った子から黙って待つ。
```

「戻るまで返事」をしなければならないから「行動を急ぐ」という生徒指導上のメリットも生まれてくる。
　このときに大事なのは、着席が最後になっても、きちんと返事をし続けたまじめな子への配慮だ。

> Aさんは、最後までしっかりとお返事をしていましたね。すばらしい！こういうふうにまじめにできる子が、歌が上手になる子です。

　教師が、まじめに取り組んでいる子をしっかりと見ている、見届けているということ。そういった当たり前の些細なことが、学習を支えていく。

③授業の中の合言葉
　私は音楽の授業でこんなことを合言葉にしていた。

```
教師：聴いたら♪
子ども：感想でーす♪
```

　鑑賞で楽曲を聞いたり、友達の演奏を聴いたりしたら必ず自分としての感想・考えを持つ…というルールなのだが、そういう意識を常に持たせるために合言葉にしていた。そういった、日常的なこともすべて歌声生活にしてしまうのだ。これがすべて声づくりにつながるのだから、これほど効率的なことはない。

原則2　長息の原則

1　長いブレスは姿勢から

　長年、合唱を勉強してきた。その中で「やはり基本が大切だ」と感じたことがたくさんある。その一つが歌うときの「姿勢」だ。

　合唱指導者　鈴木成夫先生が講習会の中で、常に言われていたことが「姿勢」やそれを支える「体幹の筋力」の大切さだ。

　なぜ、よい姿勢が必要なのか。それは、よい姿勢のときは明らかに呼吸量が多くなるからだ。猫背気味の姿勢とは全く肺に入る空気の量が違う。

　たくさんの空気を吸うためには、胸郭を開き、常に肺が膨らむ状態を作っておかなければならない。その状態がよい「姿勢」なのである。

　よい姿勢を意識させるためには次のステップで指導するとよい。

①足の開き方は外向け「ハの字」

> 　足の開き方はね、「外向けのハの字」にします。
> （手で表す）
> 　かかとの間は少し開けてもいいです。合唱団によってはかかとをつけて立つ人たちもいるんですよ。

　音楽会などに指導者として呼ばれて行ったとき、よく見かけるのが、ガバッと足を開いて立っている子どもたちの姿だ。

　そういう子どもたちにありがちなのが、前のめりの猫背状態になり、あごを出して歌う姿勢。あごを出して歌うと、「吐き出し声（いわゆる地声）になりやすい。高音域は喉を下に開くので、コントロールの利かない「おおかみ発声」になり、フォルテの音が上ずることになる（これでわかる方。かなり歌唱指導のプロです）。

　そして、そういう姿勢でよしとしている教師に共通するのが、

> 指揮者が手を上げると、「子どもたちがダッと足を開く」という演奏前の儀式

　中学校の合唱祭などでもよくみられるあの儀式（きっと、あれがカッコいいと思っているのだろう）は日本独特の文化（特別活動的な指導）で、他の国ではみられないことらしい。
　例えば、NHKコンクール全国大会でそのような儀式をやっている学校があるだろうか。皆無である。あの儀式にはデメリットしかないからだ。

> ○ダッと開いた瞬間に必ず力みが入る。
> ○必ずと言っていいほど足を開きすぎ、姿勢が悪くなる。
> ○ダッという音が雑音以外の何物でもない。非音楽的な音である。

　音楽を指導する者であれば、こういったことにも是非こだわりを持っていただきたい。また、TOSSで指導している方は是非やめていただきたいと思う。
　さらに避けたいのは、無意味に体を動かして歌う演奏姿勢だ。足を横に開きすぎた状態と、前後に開きすぎた状態の子どもたちは、必ずと言っていいほど体が前後に大きく動く。しかもリズムに合わせ全員が同じように動く。
　私はこの動きを「船こぎ運動」と言っているが、実に違和感がある。

②内また→平行→ハの字開き体験

> 　足を内またにして立ってみましょう。割り箸を用意して！（もちろんあるつもり）割り箸をお尻にはさんでみます。せーの、ハイ！
> 　下にオッこっちゃったね。（笑）
> 　次は、足を平行にして。割り箸をお尻にはさんでみます。ハイ。はさめそうだね。
> 　では、割り箸をお尻ではさんで割ってみましょう。ハイ！割れた？（たいがい、不可解な顔をしている）
> 　じゃ、今度はハの字です。割り箸をはさみます。ハイ！楽勝ですね。

> 割ってみるよ。ハイ！割れたような気がする人？（笑）

という感じでハの字の立ち方を教えている。要は、足をハの字にして立つことで、下腹部の筋肉をしっかりと使えるようにすることが大事なのだ。

③胸を開いた姿勢

「胸を開いて立ちなさい」と指示する方法もある。ＡさせたいならＡである。私は次のような指示をしてきた。

> ○首の裏側をしっかり伸ばして立ちなさい。
> ○身長を測るときに、１mmでも背が伸びるように立ってごらん。かかとは上げちゃだめだよ。
> ○巨人がやってきて、君たちの頭をつかんでグーーーッと持ち上げた。その姿勢で歌おう。
> ○手（腕）の位置は、体の横よりちょっと後ろにしてごらん。

ＡさせたいならＢ、だ。このほうが脳に強くインプットされるようだ。

姿勢を意識させたいときには、「首の後ろ」「背を伸ばす」「巨人」「手の位置」のように、端的に指摘するとサッと直ることが多い。

また、胸を開いた姿勢がなぜよいのか次のように体験させることも大切だ。

> よい姿勢がどうして大事なのか、実験してみましょう。
>
> 君たちは年を取って猫背になってしまいました。両手でお茶をもって…（手を前にそろえ、前かがみになる）。その姿勢で息を吸います。
>
> 次は、首の裏を伸ばしてよい姿勢。その姿勢で息を吸います。
> どっちがたくさん吸えた？

ほぼ100％、「よい姿勢のときのほうがたくさん吸えた」と反応が返ってくる。それでも、歌っているときに必ず手を前に重ねるような姿勢で立つ子がいる。

原則２　長息の原則

私は、その姿勢を「反省ポーズ」と言っている。

　全員に前で手を重ねさせ、少しうつむかせて「これが反省ポーズです。この姿勢で歌ってみよう。」と実際に歌わせ、息が入らず歌いにくいことを体験させる。

　こうやって全員に体験させることが指導場面で効果を発揮する。

> あれ？反省している人がいるねぇ。

と言うだけで、スッと姿勢が戻るのだ。

2　息のイメージ　吸い上げて、吐き上げる

　音楽会で指導者から指摘されることで一番多いのは「呼吸（ブレス）」のことだ。

> 呼吸が浅い
> もっと深いブレスが必要

という指摘。

　正直、わかるようで、よくわからない。「ブレスが浅い」とは、つまり呼吸量が足りないということなのか？
「深いブレス」になれば、声や演奏がどう変わるのだろうか。それを具体的に指導してくださった方はほとんどいない。
「よいブレス」とは、どんな状態なのか。私は次のようにとらえている。

> 「しっかりと息を吸い」かつ
> 「よい発声で歌える準備ができた」状態

　ただ息が吸えただけではダメだ。長いフレーズが歌えるように、また、豊かな歌声で歌えるようにしっかりと息が吸えている状態。
　そして、明るくやわらかいトーンの声がスッと出せる状態。
　この２つのことが整った状態が「よいブレス」の状態だととらえている。で

は、どのように指導すれば、「よいブレス」の状態になるのだろうか。

①眉毛の外側を持ち上げる

合唱指導者　鈴木茂夫先生が講習会で頻繁に言っていたこと。それは

> 笑顔で

という指示だ。
「笑った顔」でも「明るい顔」でもない。「笑顔」なのである。
鈴木先生の言う「笑顔」の状態は、あごや喉の力が抜けて、軟口蓋が上がった状態のことだと、とらえている。
ただ、この「笑顔」の状態を作るのが結構難しい。顔の筋肉——表情筋を動かすことが苦手な子どもたちがとても多いのだ。「笑顔」を作らなくては…と意識することで、ますます表情が硬くなってしまい、軟口蓋も上がらなくなる。
他にも「目を開いて」とか「眉毛を上げて」などの指示語もよく使われるのだが、この２つの指示でも表情が動かない子どもたちがいる。
それをなんとか簡単な方法でクリアできないか…一人で鏡を見ながら表情を作る練習をしていたときに考えついたのが

> 眉毛の外側を持ち上げる

という指示だ。
この指示の利点は、「眉毛の外側なら直接触ることができる」また、「自分の指で強制的に持ち上げることができる」点にある。
「眉毛を持ち上げて」と「眉毛の外側を持ち上げて」の違いは、実際にやってみるとわかるだろう。
「眉毛の外側を持ち上げる」と顔の表面がグンと上に引っ張られる感じになる。
「眉毛の外側を上げる」のと同時に次の指示をする。

原則2　長息の原則

②息を吸い上げる

> 眉毛の外側を持ち上げながら
> 息を吸い上げて

「息を上に向けて吸う」でもよいのだが、「吸い上げて」という言葉が子どもたちはわかりやすいようだ。

このあと、息を吐かせると必ず顔が元に戻る。そこで、次のように指導を進める。

> みんな、息を吸い上げたときはこんな顔なんだけど（吸い上げたときの顔を見せる）、吐くときはこうなっちゃう（眉も頬も落ちた顔を見せる）。吐くときも顔が戻らないようにするよ（やって見せる）。

吐くときに顔が戻る…このときに子どもたちが爆笑するくらいの教師の演技力が欲しい。

③息を吐き上げる

> 息を吐くときは、上に向かって
> 息を吐き上げます

> 吸い上げて……。
> 吐き上げる……いい顔！

とリズミカルに繰り返す。

また、次のような指示もイメージがわくようだ。

> 冬の寒いときに息を吐くと、ホワホワッって白い息が出るでしょう。
> あんな感じにゆっくり息を吐きます。

これを何回か繰り返した後、次のように遊んでしまうとよい。

> 息を吐き上げているときに、近くの人に顔を見せ合います。
> 見た人が思わず笑っちゃうくらいの顔だったら合格です。
>
> 吸い上げて……。
> 吐きながら、近所の人と顔を見せ合って〜！

　ここで子どもたちから笑い声が起こるくらいの楽しい雰囲気の中で指導を進めたい。楽しさが、よい表情につながり、よい表情がよいブレスにつながるのだ。
　吸い上げた状態から、高音域のお返事発声につなげると、あっという間にきれいな高音ロングトーンの発声になっていく。

④補足編
「眉毛の外側を持ち上げ」「息を吸い上げて」から、高音域のロングトーン・お返事発声を行っていくのだが、いくつか補足点がある。

補足1【吸い上げるイメージ】
　吸い上げるときのイメージだが、「顔の表面近く」で吸い上げるようにイメージさせることがポイントだ。

高学年以上なら次のように指示するとよい。

> 顔の表面を息が上に向かって流れるように、吸い上げます。
> ※手のひらで顔を下から撫で上げるような動作を見せる。
>
> 奥に吸わないようにしましょう。

実際にやってみるとわかるのだが、顔の奥に吸う（吸い上げる）ようにイメージすると、喉が下に開き、上あごが上がらなくなってしまう。いわゆる、喉を太く開いた状態になる。
出てくる声は、喉なりの狼声になる。脱：狼声！

補足2【ロングトーンの音域】

一言でいうと「地声では出ない音域」がよい。
具体的には「ド♯」より上の音。教師が手本を示せるとあっという間に、息の流れた高音ロングトーンになる。
特に、男性教師が裏声（きれいじゃなくても全く問題なし）を使って手本を示すのは、効果絶大だ。
歌声に自信のない男性教師諸君。安心して子どもたちの前で裏声発声を披露しましょう。子どもたちが笑うようなら、「よし！うまくいった！」と思って間違いなし！

補足3【発語は「ハーーイ♪」】

アの母音での発声なので、アでいいのでは…と思った方もいるかと思う。語頭、アとハの違いは何か。実際にご自身がやってみてほしい。何事も自分の体で実験するのが一番わかりやすい。そして、子どもたちの気持ちも理解できるだろう。
アと言おうとすると一瞬だが喉が閉鎖される瞬間があるのがわかると思う。この一瞬に軟口蓋が下がってしまう子がいるのだ。
ハの場合、息の流れの中でアの音を作れるので、軟口蓋が下がりにくい。慣れてくれば、アでも同じようにできるようになるが、おすすめは息を混ぜた「ハ」

だ。

高学年なら、

息の流れを、後ろから感じて。
※息の流れを動作で示す。

後方から息の流れを動作で示しながら、「ハーー♪」で高音ロングトーン発声。手のひらは下に向かないように、腕までしっかり伸ばそう。

百聞は一見に如かず。「説明すればするほどわからなくなる」のは、どの授業でも同じだ。こんな感じ、と動作で示してしまい、子どもたちにもやらせてみるほうがすんなりできるようになる。

補足4【低学年の発声指導】

1・2年生 低学年の発声指導はどうしたらよいのか。

原則1に示した「発声遊び」にしてしまうのがいちばんよい。発声遊びをしているうちに、いつの間にか技能を習得できるようにするのだ。

もっというなら、低学年は発声指導らしきことはやらないほうがよい。歌いながら、やわらかな声の出し方を教えていけばよい。

低学年を指導する上で、いくつかキーワードがある。

まねしてごらん　⇒　ほめる

とにかく教師が手本になってまねさせる。そして、ほめる。
上手にまねしている子にお手本としてやらせる。そして、ほめる。

> 高学年のお兄さん、お姉さんみたいなカッコいい声で歌おう。

　レガートな柔らかな曲を歌うときに有効な言葉かけだ。
「ゆうやけこやけ」でも「むしのこえ」でも、低学年の子どもたちは放っておけば元気よくガーガー歌いだす。
　そういう文化を小さいときから刷り込まれてきているからだ。そうではないことを教えなくてはならない。
「カッコいい声で」と指示しても、でもガーガー歌うときは、

> 元気な声はいらないよ。
> やさしい声で歌おう。

　小さな声ではない。やさしい声だ。音量はグンと小さくなる。しかし、グンと柔らかな声になる。ぜひ、「ゆうやけこやけ」のようなレガートな曲で実践してほしい。
　ふにゃふにゃ声になったら「それは、おばけの声ですよ。」と立て直し。折衷点を見つけていくのである。

3　上の声・息の上に声をのせる

> 原則1　歌声生活の原則
> 原則2　長息の原則

　この2つを日頃の授業や教室での生活（あいさつや返事）で続けていくと、自然と柔らかな歌声になってくる。
　しかし、2つの原則に沿って指導しているつもりでも、教師に柔らかな歌声のイメージがなく、「もっとしっかりした声を出して！」「口を開いて！」といった指導が入っていると、残念ながら吐き散らかすような声になってしまう。やはり、教師の持つ歌声のイメージは欠かすことができないのだ。
　秋は音楽イベントトップシーズン。各地区の音楽会や中学校の合唱祭、音楽

会出場校の事前指導などに呼ばれることが多い。

　最近は少なくなったが、まだ、地声でガーガーと歌わせている学校がある。なかなかびっくりだ。

　また、きれいな声で歌わせようとはしているものの、今ひとつはんぱな状態の学校（特に中学校）もある。

　そのときには、その場で、子どもたちに「よい声のイメージ」をつかませ、そのときだけでもよいから「よい声」を出させなければならない。その場が勝負になる。そんなときに使う指導方法を紹介する。

①上の声と下の声の指導「ヒゲ」

　地声でガーッと歌っている子どもたち。今ひとつはんぱな状態で歌っている中学生を相手に、まず伝えること。それが「上の声と下の声」のことだ。

> 　声には、「上の声と下の声」があります。高い声と低い声、ということじゃないですよ。
> 　実際にやってみます。
> 　こうやって手で線をつくって…私はこれを「ヒゲ」といっています。
> 　この「ヒゲ」より下の声が、
> ＡＨ———！　←　子どもたち、笑い！
> なんだか幼稚な声に聞こえるでしょう。
>
> 　次、上の声
> ＡＨ———♩♩　←　おおっ！と歓声。
> 　倍音で耳が痛くなり、耳をふさぐ子もいる。
>
> 　今のが上の声です。合唱のとき、どちらの声のほうがよいかわかりますよね。そう。上の声のほうが合唱には合っているのです。

という具合に、まず上の声のイメージをつくってしまう。

　こればかりは、教師が手本を示せるほうが手っ取り早い。

そして、子どもたちにも実際にやらせてみる。

> 　じゃ、みんなも「ヒゲ」をつくって。肘はしっかり伸ばして、立派なヒゲにする。
> 「ヒゲ」より下の声。
> 　Ａｈ―――！　笑いが出ることもしばしば。
> 　次、「ヒゲ」より上の声。
> 　Ａｈ―――♩♩
> おおっ、すばらしい！がらっと変わったね。その声が合唱にあった声です。

　この指導のポイントは、

> ○悪い声の出し方もやらせる。
> ○変化したことをほめる。

ことだ。よいものを知るためには、悪いものを知ること。できれば、極端に悪い例を体験したほうが、よいものがつかみやすいのだ。
　途中、「立派なヒゲ」と言って肘をしっかり横に張らせるのは、おなかの支えをつくるためだ。このほうが、安定した息の流れをつくることができる。
　中学生なら、次のような指導も加える。

> 　冬の寒い日に、「ハ～ッ」と白い息を吐くことがありますよね。
> 　そのときのように、ゆっくりと、まっすぐに息吐きます。
> 　ハ―――――ッ。
> 　そうです。その息の下側に声を出してみます。
> 　Ａｈ―――！
> 　＊教師が先に手本を示し、その後に生徒に真似させる。
> 　そう！それが下の声。
> 　息の上に声をのせて出してみます。
> 　Ａｈ―――♩♩

> そう！それが上の声。
> いつも息の上に声が乗るようにイメージしましょう。

これだけで、中学生の声はかなり変化する。

②鼻ふさぎ　パートⅠ

さらに、上の声を体感させる方法として「鼻ふさぎ」がある。これは、元暁星小学校の蓮沼勇一先生が実践していた方法だ。それに横崎がアレンジを加えた。

> ピース（手で実際にピースを出す）、そのまま鼻をふさいで。
> 鼻から下の声で歌ってみましょう。
> 「いまー　わたしのー♩」
> ⇒幼稚な歌声になり、子どもたちは笑いながら歌う。
> 次、鼻を乗り越えた声で歌ってみましょう。
> 「いまーわたしのー♩」
> おお！声がかっこいいね！
> かっこいい声が大事なんだよ。

鼻をふさいだ状態で声を出すのは、まさに鼻腔共鳴の状態をつくることにつながる。蓮沼先生は小学校1年生から「鼻ふさぎ」で歌わせていた（もちろん難しい説明は一切なし）。
「かっこいい声」という言葉かけは、声づくりでかなり効果のあるイメージ語だ。

③鼻ふさぎ　パートⅡ

「ピースによる鼻ふさぎ」に慣れてきたら、さらに進化版がある。
　鼻をふさいで、息の流れの上に乗った響きをつ

原則2　長息の原則

くりつつ、おなかの支えまでつくってしまう蓮沼メソッド。
　それが前頁下の写真のように両手（両指）でふさいでしまう方法だ。このときのポイントは、

> 肘をしっかりと横に張る。

　こうして肘を横に張ることでどんなメリットがあるのか。
　肘を横に張った状態でわき腹あたりを意識してほしい。ぴんと張った状態になっているはずだ。いわゆる「おなかで支えた状態」になっているのだ。しかも、姿勢がグンとよくなるので息の流れもよくなる。
　これだけで、声の力強さが違ってくる。蓮沼メソッド恐るべし。

--- コラム ---

顔で指揮をする

「笑顔で歌いなさいと言っているでしょう！」と語気を荒げるようでは、子どもたちはどんどんやる気を失っていくだけだ。「楽しく」「やる気を引き出す」ことができるかどうかは、まさに教師の腕（指導力）にかかっている。
　よくできている子を前に出してお手本にしたり、全体に点数をつけたり、様々な指導技術を駆使して「やる気を引き出す」のである。
　しかし「やる気を引き出す」上で、なによりも大切な指導のポイントは

> 教師自身の表情

だ。指導の原点ではなかろうか。
　坂本かおる先生がよく言っていることだが、

> 音楽の先生が、子どもたちに
> 　「どうしてそんなくらい顔で歌うの。もっと明るい顔で歌いなさい。」
> って言うけど、そう言っている先生の顔が一番暗い。

原則3　鯉のぼりの原則

1　鯉のぼりの口（トランペット効果）

　坂本メソッドの定番といえばこの「鯉のぼりの口」だ。
　いわゆる「縦口」のことなのだが、結構勘違いしている方が多い。その最たる「最悪の指導」が、昔から使われている…

> 　指が縦に2本（3本）入るように口を開けましょう。

という指示である。
　実際にやってみるとよい。指を3本入れたらどんな状況になるだろうか。

> ○てこの原理で、前が開けば後ろは閉じる。つまり喉の奥がしっかりとしまった状態になる。
> ○前を開こうと一生懸命になるため、喉に力が入ってしまう。

　これで「喉の力を抜いて歌え」とは無理な話である。
　また、下あごを落として縦口にしてしまい（いわゆるムンクの叫び状態）、

> ○子どもたちが苦しいって言うんです…。
> ○声が重たく（暗く）なってしまいます。
> ○きれいな声にならないのですが…。

といった、質問を聞くことがある。
　これらはすべて、「鯉のぼりの口」を勘違いして指導した結果だ。

【鯉のぼりの口】とは、
　右の写真のように、口角（上唇と下唇のつなぎ目）を引

き締めた状態。

【鯉のぼりの口の効果】
○縦に開いた口の形にすることで、吐き散らかした声（いわゆる地声）になりにくくなる（特に低・中音域）。
○口角をしめることで、声にまとまりができるようになる（鼻腔に響く声に近づく）。
○唇がトランペットのように立っているので、声が前方に響くようになる。

【指導手順】
◆ステップ１

> 口は「鯉のぼり」の形にしましょう（と言って教師が手本を見せる）。
> 口がとんがっちゃうと「タコの口」
> まるまっちゃうと「歯抜けばあさん」
> 　（これも実演する）合格は、トランペットみたいな口だよ。

というように、まず「鯉のぼりの口」の形を見せる。
　ここで、必ずといっていいほど下あごを下げた「ムンクの叫び」型の開き方（右写真）をする子が出てくる。そこで、

◆ステップ２

> 　笑顔で息を吸って……（スイカ型の口になってよい）そのまま、鯉のぼり！
> 　○○くん、いい鯉のぼりだ！（といって手本として前に出す）。

　これを繰り返しながら、よい鯉のぼりの口の子を前に出し、手本として示していく。それでも「ムンクの叫び」になってしまう子がいたら…。

◆ステップ3

> 笑顔で息を吸って……。
> そのまま（下あごを）指で押さえて。
> そのまま、鯉のぼり！

というように、下あごを下げさせないようにするとよい。
これで、上あごが開いた喉（軟口蓋が上がった）になる。

　押さえるときは、下唇も一緒に押さえてしまうと下あごが下がりにくくなる。

　それ以外にも、次のような指示も有効だ。

> 　口を少しだけ縦にしてごらん。

「少しだけ」が、ポイントだ。縦にすることを強調しすぎると喉に力が入り、息の詰まった声になってしまう。あくまでも、表面（唇）を縦型にすることだ。

2　鯉のぼりを使った発声指導

「鯉のぼり」の口は、楽曲指導の中でも大いに活用できるのだが、日頃の発声練習から使っておきたい。

①**フクロウ発声**

「ホーーー♪」といういわゆる、裏声音域でのロングトーンである。
いくつかコツがある。

○必ず裏声音域で行う（ミより上）。
○上昇音形で発声する。
○最後は力を抜いて音程を下げながら消えるようにする。
○右のように動作をつけて声を出すと、力みがなくやわらかな声が出せるようになる。
○だんだんゆっくりにして長い声にしていくと、ロングトーン発声につながっていく。

　もちろん口の形は「鯉のぼりの口」。しかし、できるようでできないのが鯉のぼりの口の形だ。そんなときに、できていない子を責めてはいけない。できている子をほめる！
　これがいかなる場合でも指導の鉄則である。ほめながら、できる子が増えてくる……これが一番自然でよい状態だ。

②**紙飛行機**

　ロングトーンのさらに高度な発声である。フクロウ発声との違いは最後まで音程をキープすることだ。

T：紙飛行機をもって。これを遠くに飛ばします（実際に紙飛行機を飛ばすような動作をしながら）。
　　「ホ―――――♪」

○もちろん裏声音域（ミ♭くらい）。
○紙飛行機をゆったり飛ばすような動作で行う。声が真っ直ぐに伸びてい

くイメージで発声する。
- ○飛んでいく紙飛行機を指すように手を伸ばし続ける。手をしっかり伸ばすことでおなかの支えがつくれるという「裏技」につながる。
- ○声を出し切って消えるときには、「紙飛行機が地面にそっと着地するように……そーっと消えましょう」と声をかける。同じ音程でディミネンドして消えるイメージだ。

③「RO」歌い

楽曲を歌っているとき音色がそろわない場合は「RO」で歌うと効果がある。

特に効果があるのは、中間音域（ファ～ドくらい）だ。小学生の場合、中間音域は地声でも歌えてしまうため、バラバラした濁った音色になりやすい。そんなときに、

「その部分を「RO」で歌うよ。」

と取り出し練習するだけでかなり効果がある。もちろん「鯉のぼりの口」が基本だ。下あごがカクカク動いた状態で歌っているときは、ステップ3の「下あご押さえ」を加えて歌わせると効果的だ。

3　効果絶大「くちばし」

口輪筋（唇の周りの筋肉）がピシッと立った理想的な鯉のぼりの口にすることは、なかなか難しい。特に最近の子どもたちは、表情筋（顔の表面の筋肉）を動かすことが苦手な子が増えている。笑顔の状態をつくることができない子もたくさんいるのだ。

どうすれば、唇がピシッと立った状態をつくることができるのか…。

鈴木成夫先生の講習会で次のような指導を受けた。

> 鼻の頭と上唇を指で挟んで。
> そこに音を集める。

右のような形を作り、挟んでいる場所に声を集める意識で発声するのだ。私は、この形を「くちばし」と呼んでいる。

特にフォルテで長い音を出しているときに使うとよい。強音は音程がぶれやすいのだが、この方法だと音を焦点化する場所が定まっているのでぶれにくくなる。

さらに、声を出しながら挟んでいる指をはずしていくと…なんと、見事な「鯉のぼりの口」が出現するのだ。

発声練習の段階でも、楽曲のフォルテ表現でもどちらでも使える、おすすめの方法である。

4　鯉のぼりの活用

では楽曲の中で「鯉のぼりの口」を意識させるのはどんな場面なのだろう。特に有効なのは次のようなときだ。

○楽曲の中・低音域で声が平べったい地声になりがちなとき

⇒鯉のぼりの口にすることで、声がまとまる。さらに「かっこいい声で歌おう」と手本を示すと効果的。

⇒アルトパートの指導では効果絶大。合言葉：アルトはいつも、鯉のぼり〜

○高音域の強音で声がうわずり気味なとき

⇒息の強さに対して、口表でのコントロールがきいていないためにうわずることが多い。「くちばし」を使い、「挟んだところに声を集めてごらん」と声を焦点化する。音程がよくなってきたら、挟んだ指を外すようにすると、うわずりがおさまってくる。

⇒原則4:マヨネーズと一緒に使うとさらに効果的。

クライマックスの f で鯉のぼり

しっかりと言葉を伝える場面で鯉のぼり

原則3 鯉のぼりの原則

原則4　マヨネーズの原則

1　おなかを使う？

「おなかから歌って！」「おなかの底から声を出して！」
　歌唱指導しているときに頻繁に使われる言葉だ。
　教師としては「しっかりと声を出せ」といったニュアンスで使っているのだろうが、そもそも「おなかから声」が出ることはない。声は口から出るものだ。
　また、「おなかで支えて！」という言葉。おなかで何を支えるというのだろうか。その具体的な状態がわからず、言葉だけえらそうに使っている教師は多いのではないだろうか。
　「おなかを使う」。簡単に言うと息を吐くときの身体の仕組みのことなのだ。胸式呼吸と腹式呼吸の違いは何か…などと言い出すと、専門的になり自分もはっきりとわからない分野になる。要は、

> 腹式呼吸のほうがたくさん息を吸えるらしい。

　子どもたちに教えるときは、そんな程度でよいのではないだろうか。私は通常のクラスや飛び込みの指導で、腹式呼吸という言葉自体使ったことがない。

2　マヨネーズ

坂本先生が三種の神器といっているメソッドがある。

> 1　裏声生活（横崎は歌声生活と言い換えている）
> 2　鯉のぼり
> 3　マヨネーズ

　3つめにくるマヨネーズ。要は「腹式呼吸」のことなのだが、これができるようでできない。
　坂本流メソッド解説は単純明快。

> 体の中から息が出るときに、おなかがへこむ。

と、とてもわかりやすい。

　子どもたちは意識しておなかをへこますし、できたような気になるのだが、息の流れや声につながるのにはかなり時間がかかる。意識せずにおなかが使えようになると、安定した、しかも豊かな響きの声に変わってくる。

　では、授業の中でどのように腹式呼吸＝「マヨネーズ」をつかませていくか、私が取り入れている指導法を紹介する。

①マヨネーズの解説

> T：先生の体がマヨネーズの容器だとするよ。体にマヨネーズがたっぷり詰まっています。先生の口がマヨネーズの容器の出口です。マヨネーズを出すためにはどうすればいい？
> C：ギュッておす。
> T：どこを押したらいい？
> C：おなか！（だいたい、こう言う）
> T：そうだよね。じゃ、おなかを押してみよう。ギュッ！すると口からマヨネーズがピューッと出て、目の前にいるＡ君はマヨネーズだらけ〜。
> C：ギャー！かわいそう〜！（^O^)
> T：今、おなかをどうやって動かしたかなぁ。
> C：へこました。
> T：そうだよね。へこました。歌うときも同じだよ。おなかをへこませて、息がすーっと出てくるようにします。**マヨネーズ！と言ったら、おなかをへこませて息を出す**、ということです。

とまあ、こんな感じで解説する。詳しくは、かおる先生の『合唱って楽しいぃ！』（パルス東京）の 15〜17 頁を参照。

②壺ブレス

坂本先生は「息を流す」(『合唱って楽しいぃ！』11〜12頁) で壺ブレスを紹介している。

しかし、日常の授業では、声づくりに多くの時間を割くことができない。そこで、様々な坂本メソッドを連続させながらTOSS流にテンポよく指導していけるよう改造したのが以下の指導法だ。

口から8拍「S音」を出しながら息を流していく。

①　1・2・3・4……普通に息を流す。
②　5・6・7・8……息の流れを徐々に多くし、8のときに使い切る。
③　1・2・3・4……主に鼻から息を吸う。このときに手を上に上げる。
④　5・6・7・8……息を止める（これがおなかで支えた状態）。

息の流れが壺型になるので「壺ブレス」と命名されている。息を流しながら、「手で壺型を描く」ようにしていくと流す息の量がイメージできる。

大切なのは、息を流し続けること。後半で息が減らない

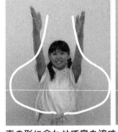

壺の形に合わせて息を流す。手が広がった後半にしっかり息が出せるようにする。

ように意識して出すこと。(②の段階) そして、止める瞬間をつくることだ。

さらに、①②のときに、鯉のぼりの原則で示した「フクロウ発声」を行う。

フクロウの声で壺ブレス！
♪ホーーーー♪

このときのコツは、8拍の後半の4拍で音域と音量を上げていくことだ。後半4拍で「壺」を意識し、息をしっかりと流す。経験的に、このときの音量が、子どもたちが現時点で出せる最大ボリュームになる。

③マヨネーズブレス

> 壺ブレスの呼吸を、マヨネーズを意識して行う。つまり呼吸とおなかの動きを連鎖させるのだ。
> はじめはおへその下あたりに両手を置かせ、①②で息を吐くときにへこませる。
> ③で吸ったときに膨らむ（言わなくても勝手に膨らむ）。
> ④で膨らんだままの状態を保つ。

マヨネーズブレスができるようになったら（いやいや、できなくても！）「フクロウ発声」につなげる。壺ブレスのときにやったように①②で「♩ホーーーー♩」と声を出し、おなかと声をつなげる経験を積んでいく。

実際にマヨネーズを意識しながら声を出す経験を積む中で、いつの間にか腹式呼吸につながっていく。何度も言うが、「いつの間にかできるようになること…」それが一番ムリのない指導なのだ。

では、これをどう短い時間の中で毎回続けていくのか。

具体的な練習方法は、後述の原則6「毎日ちょっとずつの原則」を参照してほしい。

3　進化形マヨネーズ

マヨネーズの最初の段階は「おへその下がへこむ」だけで十分だ。

しかし、さらにしっかりとした息の流れをつくるときには、もう一歩進化したマヨネーズを指導したい。それが右の写真の状態だ。

このときに子どもたちに指導することは、

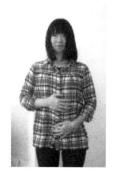

○おへその上と下に手を置く。
○息を出すときに、上のおなかはへこまない。下のおなかはへこむ。
○息は「TU音」で出す(「S音」よりも腹圧が必要になる)。

　教師が自分自身で試してみてほしい。

　下腹部だけをへこませる元祖マヨネーズよりも、上腹部はへこませない進化形マヨネーズのほうが呼気を強く出せるはずだ。

（強い呼気のときには、元祖マヨネーズは勝手に進化形マヨネーズになってしまう）

普通の状態

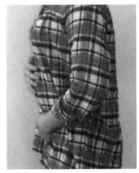
下腹がへこんだ状態

＜最終形態　ふくらみマヨネーズ＞

　マヨネーズの最終形態（今のところ）がある。それが、「ふくらみマヨネーズ」だ（命名：横崎）。
　このおなかの使い方は、蓮沼勇一先生に教えていただいた。

○肋骨の下のやわらかい部分（上腹）に指を差し込む。
○「TU音」で息を出しながら、差し込んだ指を跳ね返す。
　TU・TU・TU——と連続して出すとスプレーを発射しているような音になる。
○フクロウ発声やお返事発声（ロングトーン）で、差し込んだ指を跳ね返しながら声を出してみる。

相当強い呼気が出せるはずだ。呼気が強いということはフォルテのような強い声が出せるということだ。

高学年や中学生への指導では、かなり効果があるおなかの使い方だ。

4　マヨネーズを使う

発声のための発声。練習のための練習では意味がない。

実際の楽曲で使ってこそ、意味があるのだ。

使うタイミングは、楽曲の中の跳躍音や高音域が効果的だ。

特に高音域をｆで歌うときには効果覿面だ。

「翼をください」の♩かなうーならば♩の跳躍音の音程が下がり気味なとき。上がる手前の音でマヨネーズ！（手前で意識させるのがコツ）
音が下がりにくくなる。

「COSMOS」の♩光の声が♩の部分。『ひーかりの』って高い音が続くときにマヨネーズ！

　張りのある高音が出る。

「夢の世界へ」の♩さーあー出かけよう♩の部分。しっかりしたフォルテの音がほしいときにマヨネーズ！力強い高音、ハーモニーになる。

＊中学生全校生徒680人への指導する機会があった。

　力強いフォルテで歌い上げる場面「ふくらみマヨネーズ」は効果抜群だった。声がグワッと変わり、生徒からも先生方からも大好評だった。

原則5　NGハミングの原則

```
1    裏声生活
2    鯉のぼり
3    マヨネーズ
```

　通常のクラス音楽なら、この3つの指導を積み重ねていくことで、声はぐっとすてきになっていくはずだ。1～4年生ならここまでで十分な声ができる。

　しかし、さらに声を磨きたい。大きな音楽会やコンクールでも通用するような声に育てていきたい！なら、

```
4    NGハミング
5    ンゴ
```

も取り入れたい。

　いわゆる「美しく響く声（倍音がより豊かに鳴る声）」の素をつくるのがハミングだ。ハミングは簡単に言うと「鼻歌」と捉えておけばよい。鼻の響き（鼻腔共鳴）を借りることで、より楽に美しく響く声を育てていくことができる。

1　ハミングからNGハミングへ

> T：つばをゴクンと飲み込んで（口の中がつぶれた状態）
> 　　ん～♪（相づちをうっているような感じ）
> 　　ん～～～～♪（裏声ゾーンの高さまで音を上げていく。口の中はつぶれた状態）
> T：ん～♪のまま**口を開く**よ。ん～♪（喉を閉じたまま、奥歯を少し開く感じ）
> C：ん～♪（ア～♪になる子が必ずいる）
> T：ア～♪にならないようにね。口を閉じているときと変わらなければ合

格！
ん〜♪（口を開けたり、閉じたりしながらハミングが変わらないように）
ん〜〜〜〜〜♪（口を開いたままのハミングで音を裏声ゾーンまで上げていく）

◆指導のポイント◆

① つばをゴクンと飲み込んだ状態（口の中がつぶれた状態）でのハミングがポイント。口の中（舌と上あごの間）の空間を開けてハミングをすると、喉で音をつくるようになってしまう。

② 「**鼻の付け根の骨がビリビリするといいんだよ。**」と響かせる場所を教えておく。このビリビリは低音域（ミ位の音）で確認する。高音域は振動が感じられなくなる。
　要は、「口から吐き出さない、鼻の裏側の響き（鼻腔共鳴）」を自然と意識させるための指導。

③ 「**鼻から息が漏れないように音を出してごらん**」というように、響きが鼻の中に入っていくような感じを指導していく。
　鼻から息が漏れるようなハミングを「**鼻たれハミング**」と言ってたしなめている。

④ 口を開いたハミングを「NG ハミング」と言っている。going などの NG の響きだ。このハミングが豊かな響きの頭声発声につながっていく。喉を開いてしまうと「Aー♪」になるので要注意。

2　腹圧のかかったハミング

　ハミングをやらせると、鼻から空気が漏れたような音になる子がいる。これを前述した「鼻たれハミング」と言っている。
　どうしてこうなるのか。息の力が弱いからだ。響きを鼻腔に突っ込むだけの圧力がないため、漏れるような音になる。
　初期の段階は、息の強さを使って、鼻に突っ込むような感覚が必要になるのだが、その感覚を遊びの中で体得させてしまおう。

ハミングバイク

> T：みんな、これからバイクに乗ります。
> C：エーーーッ！子どもだからむりーーー！（こういうノリが大事）
> T：バイクにまたがって（教師が手本）。
>   ハンドルを持って…。走るよ…。
>   ♪んーんーんーーーーーん♪（ハミングでバイクのエンジン音のまねをする。上昇音にすると効果的）
> C：笑い！！
> T：はい、やってみよう！

◆指導のポイント◆

① バイクに乗ったような**中腰姿勢**は、踏ん張りやすく、おなかを張る状態を作り、息を強く出すことができる。ハンドルを持つように手を前に出すことで、さらに息の出し方が強くなる。
② ハミング⇒NGハミングと進めるが、あくまでも遊び感覚で。

ハミングバトル

> T：これから、けんかをします。
> C：エーーーッ！やだーーー！
> T：ただし、ハミングを使ってけんかをする。
>   Aさん、こっちにおいで（教師とAさんが向かい合う）。
>   かまえ！（腰を沈め戦いのポーズ）
>   ♪んーんーんーーーーーん♪（ハミングで相手を攻撃するようなポーズ）
> C：笑い！！
> T：これをハミングバトルといいます。やってみよう！

◆指導のポイント◆

① 相手を言い負かすようにハミングを強く出すことで、腹圧がかかり鼻腔に入ったハミングになる。
② 「バトルに勝ったと思う人〜?」と聞くと、たいがい「ハーーイ」と2人とも手を挙げることが多い。

とにかく、楽しく遊びながら腹圧のかかった強いハミングの練習にしてしまおう。

いずれも、教師がいかに道化になって楽しさを示せるかが最大のポイントだ。さらに、しつこくやらないこと。2回くらいで十二分だ。

3 「んご」で声づくり

ハミングを声に変換していく。

ここで登場するのが「んご」だ。

NGハミングを出しながらかすかに喉の奥を開くと、ハミングが柔らかな響きのある声になる。この響きがハモる声の素だ。

しかし、この「んご」をつかむのは結構難しい。あせらず、ちょこっとずつ続けていくことがコツである。いつの間にかできるようになっていた……くらいの感覚で練習したい。

> T:NGハミングからありさんが通れるくらい、少しだけ喉を開くよ。
>   ん〜〜ご〜〜〜♪（「ご」に移るときに段差ができないように注意）
> C:ん〜〜ご〜〜〜♪（たいてい下あごを開く）
> T:「ん」と「ご」の間に段差ができないようにしようね。

坂本先生の『合唱ってたのしいぃ!』に付属しているDVDや合唱セミナーなどで、教師自身が体験しており、さらに「んご」の感覚を習得していると、子どもたちへの指導がスムーズになる。

下あごがパカパカ動くと、「ん」と「ご」に段差ができて

しまう。そのときは、「鯉のぼりの原則」でやった、下あごおさえを使うとましになる。「んご」は難しい。「そのうちできる」くらい、気楽に取り組むほうがよいのだ。

　基本の「んご」がなんとなくわかったところで、それを短時間で練習するのが「早んご」だ。授業の曲と曲の間に練習できる方法である。

T：「んご」を早くやるよ。「んごんごんご……」（裏声音域でだんだん音を高く細くなるように）

C：「んごんごんご……」（たいがい、下あごがカクカク動いて音に段差ができる）

T：「ん・ご・ん・ご……って、音がカクカクしているでしょう。
　んごんごんご……って音をつなげるんだよ。」

C：「んごんごんご……」

T：「んごんごんごんご―――♪」
　最後の音を伸ばしてみよう。自分の好きな高さでいいからね。

C：んごんごんごんご―――♪

　スムースにできるようになると、教室に叫び声が散乱したような絶叫音があふれた状態になる。

　かつて坂本先生が外部講師として指導していた松戸第一中学校。その練習をはじめて見に行ったとき、音楽室や廊下に響き渡る「絶叫音」に腰を抜かすほどびっくりしたことがある。

　今、思えば「声づくり」の一場面だったのだなぁ……と理解できるが、当時は「なんだ！なんだ？」とただただ度肝を抜かれた。

　声づくりは音程を意識せずに進めるほうが、子どもたちへの負担が少ないようだ。

4　「んご」歌い

　では、「んご」をどう活用したらよいのだろうか。

　簡単に言うと、歌詞ではなく、「んご」で楽曲を歌えばよいのだ。初めは、レガートなゆったりした曲がよい（「ふるさと」「ゆうやけこやけ」のような曲）。

慣れてくると、早めの曲でも歌えるようになる。早めの曲を「んご」で歌えようになってくると、かなり鼻腔共鳴の音に近づいた状態になる。

＜ふるさと＞

```
う　ー　さ　ー　ぎ　ー　お　ーー　い　　し
んごー　んごー　んごー　んごーー　んご　んご
```

慣れていないうちは、「ゴーゴー」になったり「ノーノー」になったりする。そのときは、

```
ン　のところを長くするといいよ。
```

と声をかけるくらいで、気にせず取り組んでいこう。

＜翼をください＞

```
こ　の　お　お　ぞ　らー　にー　　　つ　ば　さ　を　ひ　ろー
んごんごんごんごんごーんごー　　んごんごんごんごんごー
```

「んご歌い」でも「下あごおさえ」は絶大な効果を発揮する。下あごが動かなければ、自然と上あごが動き出すからだ。
　音楽の授業の中では、今月の歌の一部分だけ「んご歌い」を取り入れるくらいでよいので、気軽に短く毎日続けてみよう。気が付いたら、よい響きの声になっていることだろう。
※詳しくは、「原則6　毎日ちょっとずつの原則」参照。

＜番外編：再び「ねこ発声」＞
「んご」は、NをOにつなげることで、鼻腔の響きをつかんでいく方法だ。似たような方法で「歌声生活の原則」で紹介した「ねこ発声」がある。ローマ字で表記すると、

> NIEAO　にぃえあおー

となる。原理は「んご」と同じだ。

　Nから徐々に喉が開き、最後はOの響きにたどり着く。遊びながら鼻腔に響く声を育てていけるとてもよい発声ネタだ。

　小学校低学年から大人まで、幅広く使える。低学年ならネコのポーズ（少しかがんだ姿勢。これでおなかも使えるようになる）をとりながら、「ねこ発声」。大人なら、マヨネーズを使いながら「ねこ発声」。

　楽曲でも「ふるさと」のようなレガートな曲をゆっくり目にすれば「ねこ歌い」ができる。慣れてくるとそこそこ速い曲でもできるだろう。お試しあれ。

コラム

「でかい声」の問題点

○喉声
　喉（舌根）に力が入った状態で歌っているため、やわらかな裏声に移行するのが難しい。

○音程
　「でかい声」で歌う子は音程の狂いに気づきにくく、直しにくい。「喉鳴り」の声は耳の機能を低下させるため、「周りの音に合わせる」ことが不得手になることが多い。

○癖
　「喉鳴り」の癖は直すのに時間がかかる。小さいときから「○○ちゃんみたいな大きな声で歌いましょう」と教師からほめられてきたため、癖が自信となっている。自信を崩さないように、上手に「響きのある声」に矯正するのは時間がかかる。

○高学年での変化
　低、中学年では元気よく歌っていた子が高学年になるととたんに歌わなくなることが多い。高学年の楽曲は、いわゆる地声音域では歌えなくなってくる。喉が疲れ、苦しいことに気づいてくる。

原則6　毎日ちょっとずつの原則

1　4月から声づくり

「声づくりはいつ頃から始めるのですか？」という質問を受けることが多い。自分などは「不思議な質問だなぁ」と感じてしまう。

当然、「4月の最初の授業」から始めるのだ。すると、必ずと言っていいほど次のように言われる。

> 時間がなくてねぇ…。

私にはその意味がよくわからない。45分の中でどれだけ声づくりに時間を費やすというのだろう。

声づくりは積み上げ以外の何物でもない。適切なメソッドで、無駄のない指導方法で、毎時間短い時間で積み上げていくのだ。練習システムが安定してくれば、各校で取り組んでいる「今月の歌」まで入れて7～8分で十分だ。

その発声練習システムがこれだ。

> 1　お返事発声・裏声生活
> 2　発声体操（ゆかいに歩けば）
> 4　ロングトーン（フクロウ発声、紙飛行機等）
> 3　今月の歌（ハミング・んご）　☞　このときに個別指導をする

これで7～8分。この発声練習システムを音楽の授業のはじめに取り入れていけば声は積み上がっていく。

> 長い一日より、ちょっとずつ毎日

なのである。コツコツ積み上げて、気がついたら楽に、すてきな声で歌えていた…と子どもたちが思えるのが一番だ。

声づくりができていれば、音楽会に向けてキリキリすることもない。

日常の指導ができていないから、音楽会のために何時間も音楽の授業をつぶし、何時間も放課後に集めて指導をすることになる。そんなことをするから、子どもたち（特に音楽が苦手な子どもたち）は音楽が嫌いになってしまうのだ。

2　声づくりシステム

私が、実際に行っていた音楽の授業を例に、声づくりシステムを紹介する。

①音楽室に入る瞬間から声づくり

音楽室に入った瞬間から、声づくりが始まる。

> C：「こんにちはーーーーー♪」（歌声生活）

音楽室に一歩踏み込んだ瞬間に、「こんにちは」の発声が始まる。音楽室の後ろ側においてある椅子を取り、自分が座る場所に持っていき、座るまで声を出し続けるシステムになっている。

もちろん途中で声を出せなくなる子もいるだろう。そんなことは百も承知だ。声を出しながら、一気に授業に巻き込んでいくことがねらいだ。

②「あいさつ」で声づくり

あいさつの号令は輪番制に行っていた。

> 当番：♪これから、３時間目の音楽の授業を始めまーす♪
> 全員：♪はーーーーい♪
> 当番：♪よろしくお願いしまーーす♪
> 全員：♪よろしくお願いしまーーす♪

あいさつはすべて歌声生活。

♪はーーーい♪の返事は「長息の原則」でしっかりと教えておきたい。

③発声体操

発声体操は「ゆかいに歩けば」に合わせて、声をつくっていく活動だ。基本

スキルを、学期ごとにバージョンアップしていく。

基本スキル	リズム歩き（8拍・4拍）、首回し、ため息、肩たたき、壺ブレス（息・声）、マヨネーズ（息・声）、ヴォカリーズ（RO歌い、RA歌い）
1学期 Ver.	リズム歩き（8拍・4拍）、首回し、ため息、肩たたき
2学期 Ver.	肩たたき、ため息、壺ブレス（息・声）、マヨネーズ（息・声）
3学期 Ver.	肩たたき、ため息、マヨネーズ（息・声）、ヴォカリーズ（RO、RA）

　各学期の初めにその学期行う発声体操の基本スキルをサラッと扱っておき、その後発声体操に入っていく。大事にしたいことは「楽しさ」だ。

【参考動画】
　発声体操の参考動画です。5～10年前の記録のため、本書の内容と少し異なっているところもあります。ご了承ください。肖像権の関係上、画質を落としています。また、映像は個人使用の範囲でお願いいたします（流用等があった場合、リンクを削除いたします）。

発声体操1学期バージョン4年生

5年生

発声体操2学期バージョン

発声体操3学期バージョン

		1学期	2学期	3学期
1 番				
8拍	ゆかいにあるけば	リズム唱 8拍目 ハイタッチ	首回し	リズム肩たたき
8拍	うたもはずむ	◆慣れてきたらハイタッチの		◆様々なバリエーションで
8拍	おひさまきらきら	タイミングを1〜7拍のどこかに	首回し(反対方向)	楽しむ(直前指示)
8拍	かぜもあおい	変更すると楽しい		
8拍	バルデリーバルデラー	リズム唱 4拍目 ハイタッチ	息を吸い上げて 溜息	息を吸い上げて 溜息
8拍	バルデローバルデロホ…	◆慣れてきたらハイタッチの	息を吸い上げて 溜息(声を増やして)	息を吸い上げて 溜息(声を増やして)
8拍	バルデリーバルデラー	タイミングを1〜3拍のどこかに	息を吸い上げて 長い溜息	息を吸い上げて 長い溜息
8拍	ゆかいなたび	変更すると楽しい		
2 番				
8拍	たにまのおがわが	首回し(8拍で1回転)	リズム肩たたき(2人で)	壺ブレス(呼気だんだん強く)
8拍	はなしかける		◆向かい合い、後ろから	最後の4拍で吸う
8拍	きみたちどこまで	首回し(反対方向)		壺ブレス(呼気だんだん強く)
8拍	あるくのかね			最後の4拍で吸う
8拍	バルデリーバルデラー	息を吸い上げて 溜息	リズム肩たたき(複数で)	フクロウ音(だんだん強く)
8拍	バルデローバルデロホ…	息を吸い上げて 溜息(声を増やして)	◆人数の突然指示がおもしろい	最後の4拍で吸う
8拍	バルデリーバルデラー	息を吸い上げて 長い溜息		フクロウ音(だんだん強く)
8拍	ゆかいなたび			最後の4拍で吸う
3 番				
8拍	みどりのこかげで	リズム肩たたき(1人で)	壺ブレス(呼気だんだん強く)	前半:ホで歌う
8拍	ひるねをすりゃ	◆歌声(裏声)で拍を唱える	最後の4拍で吸う	マヨネーズ
8拍	ことりがおいでと		壺ブレス(呼気だんだん強く)	◆おへその上下に手のひら
8拍	むかえにくる		最後の4拍で吸う	下腹部がへこみ、上腹部が出る
8拍	バルデリーバルデラー	リズム肩たたき(複数で)	フクロウ音(だんだん強く)	後半:ラで歌う(笑顔で)
8拍	バルデローバルデロホホ	◆横の列、縦の列、列車	最後の4拍で吸う	◆おなかを意識してレガートに
8拍	バルデリーバルデラー	◆歌声(裏声)で拍を唱える	フクロウ音(だんだん強く)	歌う
8拍	ゆかいなたび		最後の4拍で吸う	ホに戻る

すぐ使える！！

発声体操　1学期バージョン　2分

＜1番＞　リズム唱ハイタッチ

前半32拍　イーチ♩　ニー♩　サーン♩　シー…ハーチ♩

　　　　　自由に歩きながらリズム唱、ハーチ♩のときに友だちとハイタッチ

後半32拍　イーチ♩　ニー♩　サーン♩　シー♩（シーのときにハイタッチ）

　　　　　イーチ♩　ニー♩　サーン♩　シー♩（シーのときにハイタッチ）

自由に歩くところからスタート

いろいろな友達とハイタッチ!

＜2番＞　身体ほぐし　⇒　ため息ロングトーン
前半32拍　首回し（右回し16拍、左回し16拍）
後半32拍　4拍　眉毛を上げながら息の吸い上げ
　　　　　4拍　ハ〜〜〜ァ♩　裏声でため息
　　　　　4拍　眉毛を上げながら息の吸い上げ
　　　　　4拍　ハ〜〜〜ァ♩　裏声でため息（声の入ったため息）
　　　　　4拍　眉毛を上げながら息の吸い上げ
　　　　　12拍　ハ〜〜〜〜〜〜〜ァ♩　ながーいため息（声をしっかり入れる）

リラックスして、ゆっくり首回し

しっかり吸い上げて、ため息。徐々に声を混ぜていく

＜3番＞　肩たたき　　自分一人で　⇒　隣の人と
前半32拍　一人で肩たたき　8拍　右　⇒8拍　左　⇒4拍　右
　　　　　　　　　　　　　⇒　4拍　左
　　　　　　　　　　　　　2拍　右　⇒2拍　左　⇒1拍　右
　　　　　　　　　　　　　⇒1拍　左
　　　　　　　　　　　　　1拍　手拍子　バンザイ♩
後半32拍　隣の人肩たたき　上のリズムで！

原則6　毎日ちょっとずつの原則

☆1 模倣させる(できない子がいても気にせず、楽しさ優先。まず、教師が楽しさの手本になる)

☆2 裏声でしゃべることに慣れさせる。最初は弱弱しい声でもそれを指摘しない。
リズム唱は、数をはっきり唱えることを指導する。

☆3 肩たたき後半は徐々に難しくしていくとさらに楽しくなる
① 向かい合って2人組
② 3人組 ⇒ 4人組くらいまで
③ 列車のようにつながって後ろから

☆4 低学年で行うときのポイント!
① 慣れるまでは「8拍」のときだけでハイタッチ。混乱する子がいなくなるまで、それでOK。
② 慣れたら「4拍」だけ⇒「8拍」と「4拍」子どもたちに合わせてゆっくりレベルアップする。楽しむことを優先に!

1人で肩たたき

2人で肩たたき

列車になって

~ピアノから離れよう~
　発声体操の音源はどうしたらよいのだろう。CDや伴奏オルガン等のデジタル音源を使いたい。スマートフォンからBluetoothでつなぎスピーカから音を流してもよい。教師は子どもたちの中に入って、一人一人に目を向け、一人一人の声に耳を傾けたい。
　ピアノから離れ、子どもに近づく。それが、よい歌声づくりの鉄則だ。

④ロングトーン

　発声体操で基本スキルを身に付けていく。その後、安定した声をつくるためにロングトーンの練習を行う。以下の2つの方法が有効だ。

フクロウ発声（「原則3　鯉のぼりの原則」参照）
○徐々にスローモーションにしていく。
○「フクロウがずーっと空を飛んでいくよ」と言いながら、最高音で　♪ホーーーー♪とロングトーンにつなげる。

　声に合わせて前に伸ばした手を、しっかり前に伸ばし「まだ飛んでる、まだ飛んでる！」と働きかけることで、息を安定して伸ばし続けることがポイントだ。

紙飛行機
○紙飛行機を飛ばします。目標は10m。せーの！
　実際に紙飛行機を飛ばすような動作を行う。飛ばした後はしっかりと手を伸ばして、飛んでいる紙飛行機を指さすようにする。
○20m、30m…と距離を延ばすことで、勢いよく（スピードのある息）声を出すことに挑戦していく。これが、豊かなフォルテで歌う技能につながる。
○「紙飛行機が大きくなった。50cmの飛行機。ちょっと重たいぞ！」「長さ1m！大きいぞ〜」などと、大きさをイメージさせることで、重心を下げて腰の入った姿勢からロングトーンにつなげる。おなかの支えがしっかりとできた状態をつくった状態からの発声につながる。

　「紙飛行機」は「原則7　ハモりの原則」で「ごどごど遊び」もつながっていくので、しっかりと身に付けておきたい。

⑤愛唱歌・今月の歌を使って声づくり

　「発声体操」と「ロングトーン」で身に付けてきた基礎技能だが、実際に歌う

ときに使えなくては意味がない。また、NG ハミングや「んご」も使えるようにしたい。

　それらを、既習曲や今月の歌の中に取り入れ、歌いながら声づくりに取り組んでいく。

【翼をください】

歌　　　詞	基礎スキル
いま、わたしのねがいごとが かなうならば　つばさがほしい	口を閉じたハミング 跳躍音はマヨネーズを使う
このせなかに　とりのように しろいつばさ　つけてください	NG ハミング 「ください」のクレッシェンドはマヨネーズを使う
このおおぞらに　つばさをひろげ とんでいきたいよ	「んご」で歌う。下あごおさえを使って。
かなしみのない　じゆうなそらへ つばさはためかせ　いきたい	「んご」で歌う。慣れてきたら「RO 歌い」にしていく。
いま　とみとか…	歌詞で歌う。

というように、

　　ハミング⇒NG ハミング⇒「んご」⇒ RO 歌い⇒歌詞

で歌っていくことで、声づくりスキルから自然と歌につながっていくようにしていく。

　どんな曲を歌っても、2 番からは歌詞で歌えるようにしていきたい。発声練習のための発声にならないようにしていくことが大切だ。

　声は歌いながら育てていけばよい。

　　発声は、豊かに歌うためにある。歌うことにつながらない発声練習はしないほうがよい。時間がないときは、どうするか…当然、発声練習をやめ、愛唱歌や今月の歌から入ろう。

⑥個別指導システム

　発声体操・愛唱歌はCDや自動伴奏を使い、ピアノから離れたい。練習がシステム化され、ピアノから離れて子どもたちの中に入っていくことで、個別指導が可能になる。

　まず、しっかりと教師のほうを見る練習から始めよう。

> 　先生のほうに向きを変えます。練習するよ。立ちましょう。
> 　動きますよ（教室の横へ）。ハイッ！（子どもたちのほうを見る）すごい！しっかりこっちを見てるね。これならどうだ！（次の動き）

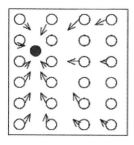 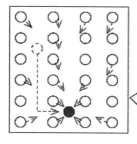

教室の後ろ、真ん中等、動きながら子どもたちが教師の方を見ていることをほめていく。「太郎君、いい目！」「花子さん、いい顔」などと遠くの子をほめたり、その子にハンドサイン（OK印）を出したりしながら、一人ひとりの意欲を高めることがポイントだ。

　こういったことは、遊び感覚で楽しくやるのがコツだ。

【個別指導】

　教師のほうに素早く向きを変えていくことを教えたら、次は歌いながら向きを変え、常に教師のほうを向いて歌わせていく。

> 　これから今月の歌「ふるさと」を歌います。先生は、教室の中をあちこちに動きます。いつも先生のほうにおへそを向けて歌いましょう。

教師は、子どもたちの中に入り子どもたち一人一人に声をかけていく。「いい声だね。」「表情がいい。」「口の開き方がいいぞ。」「合唱部みたいな声だ！」とびっきりいい子は頭をなぜてやる。子どもたちは教師のほうを向いているので、ほめられていることをしっかりと見ている。

【遠くの子をほめる】

教師の近くの子ばかりをほめていると、遠くの子は気を抜くようになる。「先生は自分を見てくれない。」と思うからだ。そこで、

> 近くの子をほめながら、遠くの子にも目を向ける。

そして、しっかりとこちらを見ている子、いい表情で歌っている子にハンドサイン（OK印）を送ってやる。
「先生は自分を見てくれている」という気持ちになるから子どもたちは「やる気」を出す。そして伸びていくのだ。

慣れてきたら、「A君に向かって歌おう」。曲の途中で、「次はBさん。」と子どもに向かって歌わせてもよい。「誰の表情がよかったか、後で聞くからね。」と言っておくと、ターゲットになった子も必死に聴く（見る）ようになる。

> 全体が動くシステムを確立しよう。全体が安定して動けば、個別指導で一人一人を伸ばすことができる。子どもは「みんなでうまくなりたい」ではなく、「自分がうまくなりたい」と思っている。

音楽づくり

音楽表現技術の指導ポイント

原則7　ハモりの原則

　合唱の醍醐味は「ハーモニー」の美しさだ。ところが、文化の違いから日本の歌はどうしても主旋律主義になりがちだ。もちろん、メロディーを豊かに歌えることは大事なのだが、せっかく合唱に取り組んでいるのだから、ハーモニーの美しさを体感させたい。日頃の音楽の授業でどのようにハーモニーの美しさを体感させていくか、その指導方法をご紹介した。

1　ごどごど遊び

　「ごどごど遊び」は坂本かおる先生が命名したハーモニー遊びだ。

　経験上、4年生以上なら取り組める。発声練習システム：ロングトーンの後半に入れるのがお勧めだ。

　五度（ドとソの関係）はハーモニーの原点になる。子どもたちの五度に教師が内声を入れ（後述）、ハモったときの美しさ、感動を味わわせたいものだ。

　五度は移動ド唱法で「ド　ソ」になる。

①とにかく始めよう

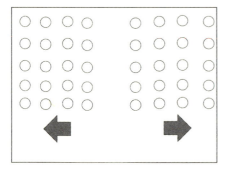

ステップ1

　最初の段階では、左図のように「ド」のグループと「ソ」のグループに分けて「ごどごど遊び」に挑戦してみよう。音が遠くから聞こえるように、向きは外向きから始めよう。

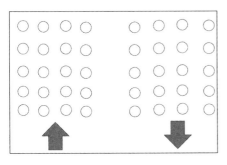

ステップ2

次の段階は前向きと、後ろ向き。だんだん違う音が近くに聞こえてくるようにしていく。

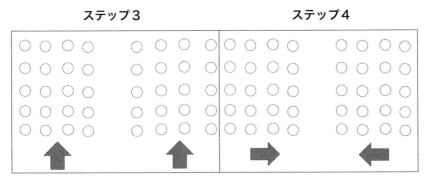

ステップ3　　ステップ4

というように負荷を加えながら、他の音を聞きながら自分の音を出す感覚を身に付けていく。

教師は「ミーファーミーレーミ」という内声を入れると、ハモっているかどうかがわかるようになる（ちょっと高度です）。

②不思議！バラバラのほうがハモる

合唱経験がないお年寄りの合唱団の指導でも「ごどごど遊び」に取り組んでいる。初めの頃は、上のパターンで練習していた。ところが、いつになってもハモってこない。思い切って、ドとソをごちゃまぜにして取り組んでみた。すると不思議なことに、グループを組んで同じ音を出すよりも、バラバラのほうがハモるのである。

「ド」と「ソ」の高さがわかってきたら、バラバラの状態で違う音を聞きながら「ごどごど遊び」をしたほうが、ハモる感覚が育つようだ。人間の耳ってすごい！

③ごどごど遊びパターン
1）2人組でごどごど

2人組を作る

じゃんけんで
「ド」と「ソ」を決める。

「ドーーーー♪」
「ソーーーー♪」

初めは少し離れていてもよい。慣れてきたらだんだん近づいて。向かい合わせでできるようになったら
楽しさ倍増！
ペアを変えて、楽しもう。

2）丸くなってごどごど

円になって、順番に
「ド」「ソ」「ド」「ソ」・・・
と決めていく。
「ドーーーー♪」
「ソーーーー♪」
音が集まるので
ハモると快感！

2　全部のパートを音取り

　小学校で合唱にするとき、いきなりパートを分けて音取り…などということはしていないだろうか。いざ合わせるときになると「つられるー！」と耳をふさぎながら歌おうとする子どもたち。これでは、合唱の楽しさはわからない。ハーモニーに慣れていない子どもたちほど、全パートを歌わせてからパート分けをして合唱にしたほうがよい。他のパートの音に慣れている分、なんと、ハーモニーもよくなり仕上がるのも早い。急がばまわれ！だ。

二部合唱までの最短プロセス＜音楽会用＞

【ステップ１】
① 全員で主旋律を歌えるようにする。
② ただ歌うだけでなく、この時点で音楽的な表現を指導していく。

【ステップ２】
① 全員でアルトを歌えるようにする。
② 円形になって全員アルトパートを歌う。
　　キーボードを真ん中に置きアルトパートの音を取りながら歌うとよい。デジタル音源、または子どもの音取りがベター。
③ アルトを教師が選ぶ。
　　全員がアルトパートを歌っているときに、教師が子どもの声を一人一人聞きながらアルトパートを歌う子を選ぶ。選ばれた子は、中心にあるキーボードの近くに移動させ、内円で歌わせる。

＜アルトの選考条件＞
・声が太目で柔らかい
・音程がよい

　普段の授業なら、パートは固定せず毎回希望で変えてよい。しかし、ある程度精度を上げたい音楽会のパート決めは、間違っても子どもたちの希望などで選ばないほうがよい。

原則7　ハモりの原則

④ アルトメンバーがほぼ確定してきたところで、外円の子はソプラノパートを歌い、内円の子はアルトパートを歌う。
⑤ 円を分け、ソプラノの円とアルトの円で歌う。初めは内側を向いて歌う。

　歌い慣れてきたら徐々に円を広げていく。

　教師は、基本的にアルトの中心に入り、キーボードで音をとったり、一人一人の音の確認したりする。

⑥ 向かい合わせになって歌う。
　並ぶ必要はない。
　「まだ音がとれていない子は前においで。歌いやすくなるよ。自信がある子は後ろです。」と声をかける。

　自分で前に来た子は、うんとほめてやりたい。放っておくと歌が苦手な子、音がとれていない子は後ろのほうに隠れるように位置取りする。

　右図のように徐々に位置と向きを変えていくとよい。

　セレクトアルトで合唱にしてしまうのが、精度もよく安定した合唱ができる。セレクトアルトなら全体の1／3の人数でハーモニーのバラン

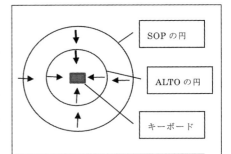

それぞれ内側に向かって歌う。
ALTOは、はじめは狭い円で。ＳＯＰパートを入れて歌い慣れてきたら徐々に広くしていく。つられるようならまた狭くする。

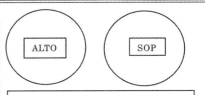

それぞれ内側に向かって歌う。
①円を徐々に広くしていく。
②この形のまま向かい合わせにして歌う。
③外向きで歌う。
④円の外で指揮をする教師に向かって歌う。
など、様々な変化をつけながら歌い慣れていく。隊形を変化させながら数多く歌い、聴き合いながら歌う感覚を育てていく。

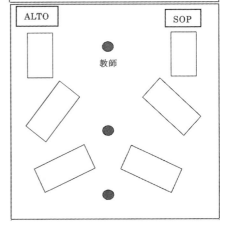

スが取れる。

　さらに、ソプラノの高音域などが物足りないときは、「この部分はAさんとBくんはソプラノパートを歌って下さい。」といったように、部分的にセレクトアルトの子に歌わせることもできる。セレクト隊は基本的に発声も音感もよい子が集まるので応用が利くのだ。

3　まぜこぜ歌い

「ごどごど遊び」でも紹介したように、違う音が聞こえているほうがハーモニー感はよくなる。「まぜこぜ」のほうがハモるようになっていくのだ。もちろん、いきなり「まぜこぜ」は単なる無謀。

　次のようなタイミングで使うと楽しくハーモニー感覚を磨き、楽しめる。

○ソプラノもアルトも（三声ならメゾソプラノも）ほぼ音がとれた。
○長く伸ばす音でハモらせたい（聴かせたい）。
　　フレーズの終わり、クライマックス、エンディング
○ｍｆ〜ｆ表現。

「旅立ちの日に」

○ソプラノ、アルト。パートごとに分かれた状態
　Ｔ：それぞれの音をもう一度確認するよ。
　　　ソプラノ：こともせずー♪（音取り：ラララシドレー）
　　　アルト　：こともせずー♪（音取り：ファファソラシー）

> T：最後の音をズーッと伸ばします。
> C：こともせずーーーー♪
> T：いいねぇ（よくなくても）。今いる場所から３歩動きます。
>   あまり自信のない人は、頼りになるお友達と一緒に動いていいですよ。
>   動きます。１・２・３！その場所で歌います。
> C：こともせずーーーー♪
> T：さらに３歩動きます。
> C：エーーーッ！
> T：はい、１・２・３！歌うよ。
> C：こともせずーーーー♪

という具合に、少しずつ動かしてパートをまぜこぜにしていく。

「頼りになる友達と一緒に動いていいですよ。」と言うことで、歌うのが苦手だ、音が取れていないという子どもたちも安心して動くことができる。

「チャレンジする人は、お隣さんが違うパートになるように動いてごらん。」「違うパートの人とペアで歌えたら最高！」

などと、子どもたちの気持ちを掻き立てると、音楽が得意な子どもたちの意欲を引き出すことができる。

異パートペアでハモって歌っている子たちがいたら、「２人で歌ってごらん」と発表させてしまってもよい。当たり前だが、発表の後は「とにかくほめる」「絶対ほめる」。絶対に注意したり、音程のずれを指摘したりしないことだ。大事なのは、「また２人で歌ってみよう！」という意欲を引き出すこと。

遊び感覚で、楽しく「まぜこぜ歌い」にチャレンジしているうちに、いつの間にかハーモニーの感覚が磨かれていくのだ。

４　部活レベル……ヨナぬき音階

かおる先生の『合唱って楽しいぃ！』に付いていたDVDを見て、一番衝撃を受けたハーモニー練習だ。ただし、部活動レベルになるので、普通のクラスでは無理かもしれない（やれそうな方は是非挑戦してみてほしい）。

「ヨナぬき音階」とは、ファ（４番目の音）とシ（７番目の音）を使っていない音階でできた曲のことだ。例えば「ゆうやけこやけ」「たなばたさま」「とん

ぽのめがね」「おしょうがつ」「ももたろう」などたくさんの童謡がある。
　なんとJ-POPの「恋するフォーチュンクッキー」「ライディーン」などもヨナぬき音階なのだそうだ。
「ヨナぬき音階」でつくられた童謡をカノンで歌うと、これが実にヨーロピアンな美しいハーモニーになってしまう。ただし、追いかけるパート（3つ目）の拍のずらし方にちょっとコツがいる。

　「ゆうやけこやけ」　　ヨナぬきカノン

　これを「RO」などの同一音色の母音で歌うと実に美しいハーモニーが誕生する。4拍ずれか2拍ずれで歌っていけば、何パートになっても大丈夫だ。2度とか4度とかの音のぶつかり合いが、得も言われぬハーモニーを生み出す。是非、『合唱って楽しいぃ！』のDVDを聴いてほしい。しびれること間違いなしだ。

原則8　言葉かたまりの原則

ここからは音楽表現につながる原則を紹介したい。

まず、日本語を日本語らしく伝えるためのメソッドや指導方法についてだ。

音楽会やコンクールで最後に心にしみてくるのは、やはり言葉の美しさやニュアンスといった言語表現だ。もちろん、言葉はわからなくともそのハーモニーの美しさに感動できる海外の合唱団の演奏もある。しかし、小学校や中学校の子どもたちには、まず、日本語を豊かに表現できる合唱をしてほしい。

1　言葉のかたまりで歌う

「旅立ちの日に」の冒頭の歌詞。

> しろいひかりのなかにやまなみはもえて

ここを日本語らしく歌うにはどうしたらよいのか。

歌詞の音読が基本だ。

まず、ロボットのように機械的に文字をなぞって読んでみる。読んでいる途中で、笑いが起こる。

「どうだった？」と聞くと、「言葉じゃないみたい」と返ってくる。

「どうやって読んだら、日本語らしくなるかな。」と問いかけて音読させると

> しろい　ひかりの　なかに
> やまなみは　もえて

というふうに、文節やそのつながりを意識して音読するだろう。そこで、言葉はかたまりがあり、かたまりで伝えると日本語らしくなることを指導する。

次にこんな読み方をしてみる

> しろい　ひかりの　なかに

> ゃまなみは　もえて

「へーーん！」「なに言ってるかわかんないよ！」というリアクションが返ってくる。
「ちゃんと言葉のかたまりで読んだのに、どうして何を言っているのかわからないのかな？」
「言葉の最初がボソボソしているからだよ。」「最初をもっとはっきり言わないと、わからないよ。」
というように、悪い例から気づかせていく。
「じゃ、言葉のあたまをはっきり言ってみるね。」

> **し**ろい　**ひ**かりの　**な**かに
> **や**まなみは　**も**えて

「へーーーーん！」「だめだよ、そんな言い方！」と批難ごうごう。
　語頭の扱いは、適切な大きさがあること（長さは難しいので後にするほうがよい）をしっかりとつかませる。

「言葉のあたまを○で囲んでごらん。」

> ⓛろい　ⓗかりのⓝかに
> ⓨまなみは　ⓜえて

　一度しっかり言葉の原則を扱えば、あとはそれを応用していけばよい。言葉を意識させたい場所を指定して、子どもたち自身に「言葉のあたま」を囲ませていけばよい。

音読からリズム読みへ

　音読で「言葉のかたまり」「言葉のあたま」をつかんだら、普通の音読を「歌声音読」にしてしまう。

それを歌につないでいく方法が「リズム読み」だ。

> 歌声音読　⇒　リズム読み（楽曲のリズムで音読する）

　音の高さは子どもたちが歌声音読をしていたときと同じでよい。そこに、楽曲のリズムを加えて読んでいく。その後、実際に歌ってみよう。言葉による音楽表現がぐっとよくなっているはずだ。

2　「言葉のあたま」の歌い方

　「言葉のあたま」が鮮明にならないと、言葉は伝わらない。ところが、「言葉のあたま」がわかっていても、その言葉が伝わらないことが多い。発語が遅れてしまうからだ。では、発語が遅れないようにするためには、どのような指導をすればよいのだろうか。

①次の言葉の口でブレス

　言葉のあたまが遅れないようにするには、まず、ブレスするときの口の形を意識させる。鈴木成夫先生から教えていただいた。

> 次の言葉の口形で息を吸う

　なんだか、わかるようなわからないような表現だ。
　要するに歌い出しが「じゆうを…」なら、ブレスするときは「『じ』の母音＝い」の口の形、ということだ。
　意識させずにブレスさせると、適当な口の形で吸ってから、あわただしく歌い出しの口になる。このわずかな遅れが言葉を不鮮明にする。

また、歌い出しの口の形でブレスさせることで、次の言葉への意識・準備が明確になる。だからこそ、言葉のあたまがクリアになるのだ。
　では、「みんな…」のようなとき（「み」は口を閉じた形）はどうしたらよいのだろう。そのときは、「鼻から吸う」。
　適当な口の形で吸ってから「みんな」と発語するのと、鼻から吸って「み」の準備をしてから発語するのでは、「みんな」の言葉の深さが違ってくる。是非、ご自身でも試していただきたい。

○口を開いた言葉 ……「あなた」で始まるなら「あ」の口で吸う
○口を閉じた言葉 ……「まぶしい」なら「鼻」で吸う

---

②ブレスの仕方が次の言葉をつくる

　曲のあたまは特に大事な部分だ。出だしで聴衆をぐっと引き付けたい。歌おうという気持ちが薄い子どもたちを指導するときなど、歌い出しをしっかりと指導するだけでその後の音楽が変わってくることもある。

　「旅立ちの日に」の歌い出し。どこからブレスしたらよいか。
　結構多いのはAの8分休符で「ハッ」と息を入れるパターンだ。ブレスの速度と次の言葉には次のような関係がある。

ブレスの速度とその直後にくる言葉は同質

　つまり、早く吸えば次の言葉の速度（子音や母音）も速度が速く、硬い音に

なるということだ。

では、上記の譜面ではどこからブレスしたらよいのだろう。私はBあたり(伴奏の4拍目)から早めにゆっくり吸わせている。では、そのあとの8分休符はどうするか。「音楽のためとして感じさせる(休みではなく)」ようにする。

すると、ゆったりブレスした分、最初の子音「し」がゆったりした息の発語となり、「旅立ちの日に」の情景にイメージに合った柔らかな表現になる。

では、次のような場面ではどんなブレスをするか。

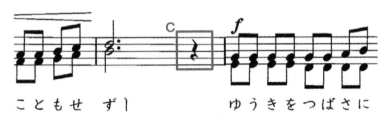

ブレスの場所はCしかない。そのときのブレスが次のフォルテをつくる。Cでは「う」の口で「豊かにたっぷり吸う」イメージだ。そうすると、次の「ゆ」がしっかりと歌えるようになる。

＜おまけ＞

こういったことをクドクド教えていくと、歌う楽しさが薄れていく。では、どう指導したらよいのか…。

> ブレスは指揮でコントロールする

のが、一番自然でよい。

鈴木先生や蓮沼先生のような素晴らしい合唱指揮者は、なによりも歌い手に「自然に息をさせてくれる」のだ。どうやったら、そうなれるのだろう。こればかりは、研鑽を積むしかないだろうなぁ、と自分自身の勉強不足を反省するばかりだ。

3　言葉のあたまをつかむ

言葉の表現の仕方で音楽は大きく変わる。もちろん、言葉に対して情感を感

じて歌うことは大事だ。「あたたかさ」という言葉があるなら、それがどんな「あたたかさ」なのかを、歌い手が感じて表現することが、豊かな音楽につながる。
　だがしかし、どう表現したら「あたたかさ」が聴衆に伝わるようになるのか…そこは伝えるための技術が必要になる。特に語頭の歌い方がポイントとなる。語頭の表現は、

子音・母音の「長さ」「強さ」「速さ」で決まる

実践例１：「は」るかなそらの　「は」てまでも
○「果て」は、Ｈの子音を長め＋速く表現する
＜指導手順＞
Ｔ：遙かな空ってどういう意味？
Ｃ：ずーっと遠いということ。
Ｔ：そんな遠い空の、さらに果てというのは、どのくらい遠いの？
Ｃ：ずーっと、ずーっと、うんと遠い。
Ｔ：そんなところに「きみ」は行ってしまうんだね。「きみ」って誰のことだろう。⇒卒業生だということを確認
Ｔ：「はるかなそらのはて」というのは、きっと卒業していく６年生のこれからの未来を表しているんだろうね。

Ｔ：これからの未来…ということを感じながら、音読してみましょう。
　　「㊀るかなそらの　㊀てまでも」⇒Ｃ：繰り返す
　　うーーんと遠くを感じながら「㊀て」⇒Ｃ：繰り返し
Ｔ：「はて」って短く言うと、遠い感じがする？⇒Ｃ：しない
Ｔ：「はーて」とゆっくり言うとどうだろう。⇒Ｃ：だめだよ

原則８　言葉かたまりの原則

T:「とおーーーい」ところを感じるように言ってみよう。「は て」
○語感がつかめたら　歌声音読　⇒　リズム読み　⇒　歌唱
　と進めていく。

　意味理解（イメージ）⇒　言葉練習　⇒　歌唱　という流れで指導を進めていくと、おしつけでなく音楽表現につながっていく。
　言葉練習では、「悪い例」を示すことで、よい発語について無理なくつかんでいける。

実践例２：「い みもない　い さかいに」
○「いさかい」頭の母音Ｉを長め＋強めに表現する。
＜指導手順＞
T:「いさかい」ってなんのこと？⇒子どもは案外知らない。
C:けんかのこと？
T:そうです。よく知ってたね。「いさかい」って「けんか」のことなんだよ。「意味もないいさかい…」
　「どうして、けんかしちゃったんだろう…」、なんていうこと。みんなはないですか？
C:あるある！（子どもによっては体験談を話してくれる）
T:そんなけんかだったから、夜に…　C:泣いちゃったんだ。
T:けんかしているときはきっと怒っていたんだろうね。そんな気持ちを「いさかい」という言葉で表してみよう。⇒　歌へ

と、意味理解させてから、すぐに歌わせた。この部分は意味理解させることでガラッと音楽が変わる。たくさんの学校で実践したが、どの学校の子どもたちも同じように反応し歌うことができた。

この部分は、fで歌ってと示してある。
しかし、中音域をいわゆるf（音量的に強く）で歌おうとすると、汚くなるだけで音楽が豊かになることはない。fの意味が違うのだ。

実践例３：「ゆうきを　つばさに　こめて…」
○言葉のあたまを、しっかりとつかむように、長く＋強く表現する。
＜指導手順＞
○「旅立ちの日に」誕生秘話を語る。
○この曲の作曲者　坂本先生がピアノに向かい、すぐに浮かんできたメロディーがこの部分であったこと、この部分は曲の中心となるメッセージがあることを伝える。
T：fは音の強さではないのです。では何の強さ？
C：がんばれ、という気持ちの強さ。卒業生への感謝の気持ち…
　　ここは結構難しい。子どもたちがわからなければ、教えてあげればよい。
T：ここはね、卒業していく子どもたちへのメッセージを、しっかりと伝えようという気持ちの強さなんです。それがfの意味です。
T：「ゆうき」という言葉を、しっかりと伝えてみよう。
　　まず、軽く「ゆうき」⇒C：繰り返す
　　伝えようという気持ちをだんだん強くしていくよ。
　　少し強く　⇒　さらに強く　⇒　しっかりと伝えて
というように、だんだん言葉を力強くしていく。

T：そうです。言葉を強くするには、言葉のあたまをしっかりとつかむようにしゃべるのです（うまくできないときは、教える）。

「ゆうきを　つばさに　こめて　きぼうの　かぜに　のり」
　　ゆ…ぃゆーき　こ…くおーめて　き…きぃぼう　の…んのり

ここも、音読　⇒　歌声音読　⇒　リズム読み　⇒　歌唱　の手順

原則8　言葉かたまりの原則

4　子音は長さが命

よく「子音を立てる」というが、この調整がとても難しい。

KA 行や SA 行は立てすぎる（ぶつけるように発する）と、不自然なとても汚い言葉になる。

HA 行は、息が足りず「ほら」が「おら」に聞こえたりする。

大事なのは自然な言葉に聞こえること。そのための練習方法をご紹介する。

「ほほえみ」と聞こえるように歌いたい
＜指導方法１＞　　三宅悠太先生の講習会から

Ｔ：手がくっついたときに「お」と
　　言ってみましょう（ひらいて、
　　とじて…の動きを繰り返す）。
Ｃ：おー、おー、おー
Ｔ：次は、くっついたときに「お」と
　　言えるように「ほ」と言ってみます。
Ｃ：ほー、ほー、ほー
　手を開いているうちからＨを言い出し、とじたときに「お」になる。つまり、遅れることなく「ほ」と言えるようになる。
Ｔ：そのまま「ほほえみー」⇒　Ｃ：「ほほえみー」

＜指導方法２＞　　鈴木成夫先生の講習会から
Ｔ：「おおえみ」と言います。
Ｃ：おおえみー　おおえみー　…
Ｔ：「ほほえみ」にして。
Ｃ：ほほえみー　ほほえみー　…
Ｔ：順番に言います。　おおえみー　ほほえみー
Ｃ：おおえみー　ほほえみー　…　何度か繰り返す

いずれも、母音の響きの前に子音が聞こえるようにしていく方法だ。

ゆっくり目のテンポで繰り返すことがコツだ。他の子音も同様。

5　言葉の最後はソフトクリーム

「言葉のかたまり」「言葉のあたま」を指導したら、残るは「言葉の最後（語尾の処理）」だ。音楽の「柔らかさ」を表現するために、「言葉の最後」は欠かすことができない。

では、言葉の最後をどのように歌ったらよいのか、歌唱技術を指導するのだが、多くの教師は「どう歌ったらよいだろう？」などと問いかけ、子どもたちを不毛地帯に追い込んでしまう。**技術は教える**のである。ただし**知的**に！

【出だしの指導】

白い光の中に　山並みは萌えて
遙かな空の果てまでも　君は飛び立つ

この部分で、次のことを指導した。

○イメージと言葉のニュアンス
○柔らかさ→語尾表現

柔らかな日差しを浴びた山並みの写真を提示する。

山並みは「燃えて」火事ですか？

「燃えて」と勘違いしている子どもたちは少なくない。「もえて」という言葉一つで曲のイメージが変わってくるのだ。
「萌えて」であることを確認し、「萌える」とは草や木が芽を出すこと、そんな春の柔らかな情景を表していることを押さえる。

「旅立ちの日に」の歌い出しを柔らかな表現で歌うために、次のように授業を進めた。

> 先生の教え子の演奏です。
> やわらかな表現につなげるために、どのようなことを工夫したか、見つけてごらんなさい。

技術を教えるための近道は、よいものを見せる、聴かせるに限る。しかし、聴かせて「まねして歌ってごらん」では知性が働かない。

そこで、「見つける」という作業を取り入れる。

授業で見せた映像は、私が指導した子どもたちの映像だ。小学生による混声合唱。合唱部の子どもたちと、変声した男の子（一切のセレクトなし）の演奏である。

YouTube 検索：小学生の混声合唱2にアップしてあるので参考にご覧いただければと思う。

> ♪白い光の中に　山並みは萌えて
> 遙かな空の果てまでも　君は飛び立つ♪

までを聴かせ、再び問いかける。

> とっても柔らな表現でしょう。
> どんな工夫をしたと思う?

　具体的な演奏を示しても、大人でさえもなかなか気づくことができない。それほど技術とは「当たり前ではない」ものなのだ。何度か聴かせる。いろいろと考え、意見を述べる。それでも正解は出ない。しかし、気づこうと考えることが知的な活動につながる。

　答えは「語尾を優しく歌う」とそれだけである。横崎流に言うと「言葉の最後はソフトクリーム」だ。「言葉の最後」をデリケートに歌うだけで、表現が格段に柔らかで繊細になる。

合言葉「言葉の最後はソフトクリーム」
　ソフトクリームとはディミネンドのことだ。特に、レガートな曲はディミネンドのデリケートさで表現の質が変わってくる。

> ♪白い光の中に　山並みは萌えて
> 遙かな空の果てまで　君は飛び立つ♪

　語尾の部分で、「ソフトクリームを上に伸ばすような動作(指揮)」で柔らかに歌うことを意識させる。雑になってしまったときは、

> 今のソフトクリームは30円くらいだなぁ〜。
> ここは、1つ300円の高級ソフトクリームにしたいねぇ。

と楽しくやりなおさせたい。「今のは100円。」「おっ、今のは200円。とってもおいしかった！」などと、おちゃらけて評価してやると子どもたちにとって、達成度がとてもわかりやすいようだ。

　結構難しいのは次のような短い長さの語尾だ。

原則8　言葉かたまりの原則

放っておくと必ず「とーりよっ」というような歌い方になる。そのときは、決まり文句がある。

> うーーん。今のは、アイスクリームだねぇ。
> お店でアイスクリームをグリグリグリッととって、コーンの上に「ポンッ」と置く。「とーりよっ」(アイスクリームをコーンの上に乗せる動作) わかるかなぁ〜。

子どもたちがたいてい「あ〜ぁ、わかった〜」と笑いながら反応する。

─── コラム ───

「短い」「楽しい」指導

よい指導のキーワードは「短い」「楽しい」。悪い指導は、その逆「しつこい」「重たい」。「しつこい」指導の目安は

> 1つの指導を30秒以上繰り返す。
> 1つの指導を4回以上繰り返す。

「重たい」指導の目安は…

> 説明が長い
> 否定する言葉が多い
> なにより！先生の顔が怖い！

今まで多くの「一流の合唱指導」を見てきた。そのすべての指導者が、「説明が短い(説明しない)」のである。

原則9　数学的表現の原則

　私は音楽を専門で学んできたように思われているが、全くの誤解だ。
　ピアノは弾けないし、楽譜もろくに読めない。初見で歌うなんてとんでもないことだ。中学・高校で得意だったのは数学・物理。大学は教育学部の算数専修。音楽系サークルに入っていた経験もない。
　しかし、音楽素人だからこそ、どんな楽曲にも共通する指導のポイントを見つけることができた。絶対的なものではないが、ほぼ共通する法則的なものだった。

1　音型音量比例の原則

　次の楽譜を見ていただきたい。強弱記号などの発想標語がなにもかかれていない。
「旅立ちの日に」から、

　こんなときは、ただまっすぐに歌えばよいのか…。そうではない。音符の動きが音楽を表現するヒントになっている。

音の高低に沿って音量も大きくなったり小さくなったりする。これを、

> 音型音量比例の原則

と言っている。さらに、優れた曲は音型音量の動きと歌詞の内容がぴったりと一致する。「はるかなそらのはて」を音読すると、「はて」という言葉に向かって語調が高くなるのがわかるだろう。語調の頂点「はて」に向かってしっかり

と音型が上がり音量も上がる…こういったことが音楽的にきちんとできているから「旅立ちの日に」は素晴らしい曲なのだ。

〜中学校の共通教材「夏の思い出」〜

　1段目と2段目は全く同じ音型だ。「音型音量比例の原則」も、同じように適用できる。それなのに、なぜ8小節目にはクレッシェンドとディクレッシェンドがついているのだろうか。

　強弱記号を見ると2段目はPで、よりやわらかな表現で歌う。すると、音型変化による音量変化も当然少なくなる。しかし、8小節目はしっかりと音の動きをつけて歌ってほしい…という作曲者の願いなのだろう、と私は解釈している。

「音型音量比例の原則」を当てはめてみることで、アナリーゼのヒントになることもあるのだ。

2　言葉と音量反比例の原則

　中学校の合唱祭等にお邪魔して改めて感じること。それは、相変わらず「声量優先文化」の傾向があることだ。声量はなくとも、パートのバランスを取り音楽的に優れた演奏よりも、ガーッと歌い込むような雑な演奏が評価される（某コンクールもそういう傾向あり）。

　強い音・大きな音は一聴華やかであり、心に伝わりやすい。しかし、本当に心に残るのは「小さな音・繊細な音」なのだ。

　ただし、小さな音をただ単に小さく歌ったのでは、「やせた音」になってしまい説得力がなくなってしまう。では、どう表現すればよいのだろうか。

「夏の思い出」から

　この曲を作曲した中田喜直さんは、作曲したときには尾瀬に行ったことはなかったそうだ。尾瀬に咲く水芭蕉をどんな思いで見ているか…それがPP「さいている」に表現されている。

　この曲を何の解釈もなく歌わせると「さいている」を、喜びがあふれるようにmfで歌ってしまう。それをPPで表現するところにこの曲のすごさがある。そこで使うのが、

言葉と音量反比例の原則

T：うわー！水芭蕉の花が咲いている！とうれしくなるよね。うれしさが
　　あふれるようにたっぷり歌ってみよう。
C：さいている♪（mp〜mfくらいで気持ちよく歌う）。
T：そう歌いたいよね。わかるわかる！でも、作曲者はここをPPで歌っ
　　てほしい、と書いています。何でだと思う？（中学生なら考えさせた
　　いところ）
T：「咲いている！」と声に出して喜ぶんじゃなくて、心の中で「ああ、咲
　　いている！」と感動する…それがこのPPの意味じゃないかなって思
　　います。

というような意味解釈ができると、音楽の面白さがわかるだろうし、「音楽的要素」の奥にある楽譜を解釈する力が育つのではないかと思う。

> T：さっき「さいている」と喜び一杯に歌った声の大きさを、半分にしてみましょう。でも、うれしい気持ちはなくならないようにします。
> T：まず、喜び一杯に　C：さいている♪（mf）
> T：声の大きさは半分、喜びは同じ　C：さいている♪（mp）
> T：さらに声を今の半分、喜びは同じ　C：さいている（PP）

このステップで理解でき、技術的にも表現できる子たちならこれで進めたい。しかし、理解はできても表現できないのが実技の世界だ。表現するための技術が必要なのである。

次のような指示や指導が有効だ。

> 指 音を半分にしたら、言葉は2倍はっきりしゃべってみよう。
> 指 口を大きく動かしてしゃべってみよう。
> 指 口の中を広くしてしゃべってみよう。
> 活 ウィスパーでしゃべってみる。それをだんだん大きくしていく。

子音を長めに取り、よりクリアに発することが必要なのだ。

いずれも重要なポイントは

> 音読（言葉で練習）⇒　歌声音読　⇒　歌唱

のステップを踏むことだ。いきなり歌で表現するのは、子どもたちにとっても難しい。音程のない言葉でできるようになってから音楽につなげよう。

3　クレッシェンドの原則

どんな曲でも必ずと言っていいほど出てくるのがクレッシェンドだ。しかも、クライマックスの手前で使われることが多い。

要するに、クライマックスをより華やかに表現するために、その手前で盛り上げてね！という作曲者の意図の表れだ。

ところが、クレッシェンドが効果的に表現できず、クライマックスに向かっ

て盛り下がる演奏を聴くことがある。クレッシェンドに振り回されてしまったせいだ。クレッシェンドは効果的に表現する原則がある。それを使うだけで、うんと効果的な表現につながっていく。

「群青」混声三部合唱版より
　　作詞：福島県南相馬市立小高中学校 平成24年度卒業生（構成・小田美樹）
　　作曲：小田 美樹
　　編曲：信長 貴富

©2013 by Pana Musica co., ltd. Kyoto, Japan.

これが、クレッシェンドに振り回されるパターンだ。

> mpで始まり poco a poco cresc. …… 最後は f

　この通り言うと「mpで歌い始めて、だんだん強くしていって、最後はfになるようにします。」
　子どもたちはこう思っているだろう。「だんだん強くって、どこで、どのくらい大きくしていったらいいの？先生教えてよ」
　ところが、思うようにクレッシェンドできていないと、教師は子どもを責め

る。「だんだん強くって言ってるでしょう。全然できてないじゃない！」誰が悪いのか。表現できるように教えられない教師が悪い。それ以外の何物でもない。

クレッシェンドには広げるタイミングがある。それが、わかっていればシンプルで効果的に音楽の広がりを表現することができる。

クレッシェンドの原則は、

①　上向き音程でクレッシェンド
②　かたまりでクレッシェンド
③　長い音の後半でクレッシェンド

これだけで、大概の合唱で表現できてしまう。

①上向き音程でクレッシェンド

©2013 by Pana Musica co., ltd. Kyoto, Japan.

アルトとテナーが主旋律を歌っているのだが、各フレーズの「上向き音程」のところでクレッシェンドする。あたりまえだが、「上向き音程」は音を広げやすい。また、作曲者もそのように音楽をつくってくれている。

ソプラノは副旋律になる。「上向き音程クレッシェンド」と「音型音量比例の原則」を使うと自然に音楽が広がる。

②かたまりでクレッシェンド

さらにフレーズごとに音を広げていく。

クレッシェンドで広げた音を次のフレーズの頭につなげるイメージだ。頭の音が減らないように「語頭をつかむ」感じで歌おう。

©2013 by Pana Musica co., ltd. Kyoto, Japan.

③長い音の後半でクレッシェンド

ここは、ソプラノが「いーーー（シ♭）」で伸ばしているところにアルトとテナーが「いまでもーーー」とかぶってくる。次のフォルテに向かって音楽をダイナミックにつくるところだ。

©2013 by Pana Musica co., ltd. Kyoto, Japan.

クレッシェンドのポイントは3つのパートが重なった

ソプラノ「いーーー」

アルト　「もーーー」

テナー 「もーーー」のところだ。
ここで一気にクレッシェンドする。

クレッシェンドするときの指示は、

> いまでもーお－お－　　＊ソプラノは「いーいーいー」で増やす。
> 　　　　1　2　3
> と増やしてみよう。

最初は極端にやってみることだ。「おーおーおー」と分解して聞こえてよい。それを徐々に「つながるように増やしてごらん」と自然にしていけばよい。
音量のコントロールは「手の幅」がわかりやすい。

> 「とおざかる」の最初は、このくらいの幅
> 「いまでもー」の最後は、このくらいの幅
> 先生の手の幅に合わせて歌ってみよう。

というように、具体的な大きさを示してやるとよい。「上向き音程クレッシェンド」は幅をすこーし膨らませるようにして具体的に見えるようにする。感覚的なものを「見える化」することでわかりやすくしよう。

とおざかる

きみのえがお

いまでもー（cresc.）

4 変色の原則

　曲にこめられた感情をどう表していくかは、とても大事なことだ。そんなとき、教師はこんな言葉を浴びせかける。
「もっと気持ちをこめて！」
　指導方法がわからない教師ほど、連発する言葉だ。「気持ちをこめて」では表現のしようがない。感情は「色を問う」とわかりやすい。

いみもない いさかいに
泣いた あの時

　　　　　　　　　　　　　小学生に「旅立ちの日に」を指導するとき、必ずといっていいほど意味もわからずに歌っている言葉がある。そう「いさかい」である。一見わかっているふうに歌っているのだが、次のように
たずねてみるとよい。

> T：「いさかい」ってどんなこと？
> C：「？？？」

　合唱部の子どもたちが見事に歌っているときでさえ「？？？」だったことがある。

原則9　数学的表現の原則

「知らないで歌っているとは何事か！」などと怒る必要など全くない。本当に知らないのだから仕方がない。
「エーッ！知らないけどあんなに上手に歌ってたのか！すごいなぁ。みんなは、ごまかしの天才だ。ワッハッハ！」と笑い飛ばすくらいがよい。
その上で、改めて子どもたちに考えさせる。

> じゃ、「いさかい」ってどんなことなんだろうね。文の内容から考えてごらん。

「知らないことは教えればよい」という指導もあるだろう。しかし、子どもたちに考えさせたほうが、絶対に知的な学習になる。「ああしなさい」「こうしなさい」という常にワンウェーな指導は、息が詰まる。
子どもたちからいろいろと出てくる意見を「なるほど！」「どうしてそう思ったの？」とテンポよくやりとりしながら、考えていけば、必ず「ケンカだ」という意見が出てくる。

> 「友達と泣くほどのケンカをしちゃった」ということがわかるように歌ってごらん。

と、これだけで「いさかい」の歌い方が変わる。「いさかい」の歌い方が強すぎるときは、「そりゃ、殴り合いのケンカだなぁ（笑）」と強弱のニュアンスを調整していく。それは、教師の仕事である。
「いさかい」の意味を確認したら、このフレーズの情感を考えていく。

> 友達と意味のないケンカをしちゃって泣いているんだよね。このときの気持ちを色にするとどんな色になると思う？

情感は言葉にするよりも、「色」で問うほうがわかりやすい。
子どもたちからは「青」「灰色」といった寒色が出てくる。「どうしてそう思うの？」と問うことで、このときの語り手の心情を考えていくことができる。
「その続きです。『こころかよったうれしさに抱き合った日よ』このときの気

> いみもない　いさかいに
> 泣いた　あの時
>
> 心かよった
> うれしさに　抱き合った日よ

持ちはどんな色だろう。」
　子どもたちからは、「ピンク」「オレンジ」といった暖色系の色が出てくる。
　ここも「どうしてそう思うのか？」と理由を聞いていく。

> 子：ケンカして悲しかったんだけど、仲直りできたのだから、うれしくなっている。だからピンク！
> 子：絶交みたいな状態から、一気に気持ちが通う状態になったんだからすごく幸せな気持ちだと思う。

> いみもない　いさかいに
> 泣いた　あの時
>
> 心かよった
> うれしさに　抱き合った日よ

といったような「色」とその意味をつなぐ意見が出てくる。
　「さっきの寒そうな色から、暖かい色に変化したのですね。」と簡単にまとめ、ビジュアルに示す。
　そして、

> 色が、気持ちが、ガラッと変わる。この変化がわかるように歌ってみよう。

と働きかけて歌っていく。子どもたちの歌い方は明らかに変化するはずだ。
　ここで大切なのは、指揮をする教師の表情だ。教師の表情もガラッと変わらなくてはならない。
　子どもたちに変容を求めるなら、教師自身も自ら「変わる」ことが何よりも大切だ。指揮をする教師の表情一つで音楽は大きく変わる。そういう力を教師はつけていかなくてはならないのである。

5　最初と最後とクライマックス

　校内や地区の音楽会に向けての指導は時間が限られている。限られた時間の中で成果を上げるためには、TOSSでいう「局面限定の原則」を使って指導を

進めることが効果的だ。

坂本メソッドにもまさにそれにあたる指導法がある。

かおる先生は指導時間が限られた飛び込み指導のとき、3つの場面に限定して指導することが多い。

最初と最後とクライマックス

この3つを整えることで楽曲がグッとすてきな音楽になる。

最初は「言葉」…言葉を聴かせる「原則8　言葉かたまりの原則」参照

最後は「曲によりけり」
　　　　静かに終わる曲は「音をていねいに」「言葉をそろえる」
　　　　歌い上げる曲は「エネルギーと保つ」「大胆に」

クライマックスは「声」
　　　　高音域の発声、ハモり、言葉の力

私は飛び込み指導を頼まれたとき、クライマックスから指導することが多い。クライマックスは高音やダイナミックな表現・和声を使って表されていることが多く、その曲らしさが表現できる。

クライマックスの指導

実践例1　「Let's search for tomorrow」

　　　　　　　　　　　　　　　　　　　作詞：堀　徹　作曲：大澤徹訓

【クライマックス　二点ミの指導】

T：♪ HO―（フクロウ発声）……適当な高音域を柔らかく

C：♪ HO―（ため息発声のような息を上に流すような動作を入れるとよい）

T：紙飛行機。HO―♪（ミの高さで。紙飛行機を飛ばす動作）

C：HO―♪（紙飛行機を飛ばす動作）

> T：ロー♪（柔らかく、まっすぐに伸ばす）……子ども：繰り返す

　高音域のロングトーンを使って、気持ちよく息を流すことや地声を脱することを指導する。
　かおる先生も「合唱は声」と言っているが、まさにこの部分の指導が声づくりに当たる。ここがしっかりとできていないと、この後の指導が行き詰まってしまう。これは、日頃の授業で意識して指導していくべきことだ。そのときになって慌てて指導しても、子どもたちは急にできるものではない。
　日常の指導ができていないことが、

> 子どもはできない→教師は焦る→厳しい（きつい）指導→子どもは歌いたくなくなる→音楽が嫌いになる

という地獄のスパイラルにつながってしまう。音楽嫌いは、まさに教師の責任なのだ。

> ＜変化１＞
> T：「ラ」で伸ばします。ラー♪（二点ミの高さで）
> 　おなかは「マヨネーズ」。手を当てて。少しずつへこましていきます。
>
> ＜変化２＞サー♪　歌詞の言葉でロングトーン
>
> ＜変化３＞レッツ　サー♪
> T：サー♪　にスピードをつけるよ。
> 　はじめは普通の電車　レッツ　サー♪
> 　急行電車　レッツ　サー♪
> 　特急電車　レッツ　サー♪
> 　新幹線　　レッツ　サー♪
> ◆「強く」という指示ではなく、徐々に声の「速度」を上げていくことでフォルテの表現に近づける。
> ◆変化１～３まで、マヨネーズを確認しながら進める。

原則９　数学的表現の原則

＜変化4＞レッツ　サーチ　フォー　トゥモロー♪
○ここは一息で歌います。途中で息を吸わないよ。
○トゥモローまで、おなかはマヨネーズ。
○トゥモローの「トゥ」をはっきり言ってごらん。
◆最高音を出したところで息を使い切らないようにする。途中で息を吸うとおなかの支えがなくなり、音程や力強さ（息の流れ）が保てなくなる。

　和声につなげるときには、紙飛行機のときにソプラノ→二点ミ　アルト→二点ドの高さでロングトーンを指導し、3度の和声を保ちながらロ→ラ→サと徐々に歌詞の言葉につなげていく。

　TOSSでは「巻き戻しステップ」と言われている技術だ。限定した場所から徐々に前に広げていく。

実践例2　「この地球のどこかで」　　　　　　　作詞・作曲：若松　歓

T：この曲の一番盛り上がるところ、クライマックスを歌う練習をします。
　　クライマックスはどこですか？
C：「歩いて行く道は」のところです。
T：どうしてそこなのですか？
C：盛り上がる感じがする。
　　高い音で表現されていく。
T：そうです。その部分がこの曲のクライマックスです。

　まず、クライマックスがどこなのかを理解させること。わかっていれば、繰り返し練習もつらくなくなってくる。
　意味もわからず繰り返すと「疲れは倍で効果は半分」。理解して繰り返すと「疲れは半分で効果は倍」になる。

T：♪あるいていく　みちはーー♪
　の部分を歌います。
C：歌詞で歌う。

> あるいていく　みちはーー（歌詞）
> 　　Sop　♪ミミミミミミ　レドレ♪
> 　　Alto　♪ドドドドドド　シラシ♪
>
> T：SOPさんは「ミ」の音をRAでずーっと伸ばします。どうぞ。

　高音域はROよりもRAのほうが、明るく軽やかなよい音になりやすい。ROを使うと飲み込んだ音になることがあるので要注意。合唱にする前にロングトーンで声を安定させる。

> T：次、Altoさん。「ド」の音をRAで伸ばします。
> T：Altoそのまま伸ばして〜RA♪
> 　　Sop「ミ」を入れるよ。RA♪
> C：各自ブレスしながら3度のロングトーンで伸ばす。
> T：後ろのA先生のほうを向いて。Alto「ド」、Sop「ミ」。ずーっと伸ばして（向きを変えるのは「変化のある繰り返し」）。

　というように、局面をとことん限定して指導していくと、クライマックスの表現につなげていく。

最後の最後の指導

　最後の最後とは、例えばピアノの後奏が流れ、ジャーン♩と静かに音が鳴る瞬間。このとき歌い手（子どもたち）は何をしているだろう。
　歌い終わって、ホッとし気が抜けている子。ボーッとしている子。よそ見している子…大事なのは、最後の最後まで演奏することだ。

> ＜ピアノ後奏＞
> T：みんなは歌い終わったけど、ピアノはまだ歌っているよ。ピアノと一緒に歌う練習をします。もちろん声は出さない。でも身体で歌うんだよ。ピアノの歌・音楽の波に乗ってごらん。

子どもたちはけげんな顔をして、「どうやって歌うの？」という表情でいる。それでも、必ずピアノの後奏に身体を反応させる子がいる。それを見逃さないことだ。

> Ｔ：Ａさん、すばらしい！ピアノと一緒に歌っている。前においで。Ａさんのように歌ってみよう。

というように、かすかでも反応している子をほめて手本にすることだ。そういう子をどんどん見つけ、前に出させていくと、かなりの子が反応できるようになってくる。

　そして、さらに最後、

> Ｔ：最後の最後は、全員で息を合わせます。
> 　先生に合わせて息を吸って、止める。
> ◆教師がタクトを閉じる動作に合わせる。
> ◆止めたまま２秒静止。タクトを下ろしたときに自然な呼吸に戻す。

　演奏はここまで指導したい。タクトを下ろす瞬間まで音楽、空気を共有する…そんなことが、「音」を大切にする子を育てるのではないかと思っている。

> タクトを振る前２秒静止
> タクトを下ろす前２秒静止

　これは、指揮者の田久保裕一先生から学んだことだ。この静かな瞬間が音楽をつくっていく。

人づくり

教師としてのあり方

原則 10　温かい嘘の原則

1　素晴らしい音楽教師の共通点

　今までたくさんの音楽教師に出会ってきた。素晴らしい音楽をつくる教師に共通することがある。それは、生徒指導力が高いということだ。

　東京の眞鍋なな子先生。ご退職される年であっても、学校で研究主任・生徒指導主任として職員を牽引し、若手を育て、もちろん音楽専科として子どもたちも授業の中で育ててしまう。管理職からも頼りにされてしまうその人柄とカリスマ性。都の音楽研究部でも後進育成に力を発揮されていた。私が、最も尊敬する教師の一人だ。

　埼玉の熱田庫康先生。私の音楽・合唱の師匠だ。熱田先生との出会いがなかったら、私は合唱教育に足を踏み込んではいなかっただろう。熱田先生も音楽主任と生徒指導主任を兼ねていた。子どもたちから「学校の中で一番怖くて、やさしい先生」と言われていた。このニュアンスがわかるだろうか。

　埼玉でコンクールトップレベルの子どもたちを育てる若手音楽教師たち。共通するのは、皆、生徒指導力が高い（ある意味コワイ！）ということだ。

　では、生徒指導力が高いとはどういうことだろうか。

〇正しいことを一貫する強さがある。＜父性＞
〇子どもたち一人一人に目と心を配る細やかさがある。＜母性＞
〇子どもたち一人一人を生かす授業ができる。＜知性＞

　この３つがしっかりと備わっていること…それが生徒指導力なのだろう。授業の中でこの３つのことができる。それが素晴らしい音楽教師なのだと思う。

飛び込み指導で修業

　夏から秋にかけて様々な学校に飛び込み指導をする機会をいただいた。初めて会う子どもたちの歌声を聴き、その後すぐに指導をする……なんともエキサ

イティングで緊張する修業の機会だ。

　中には、あきらかに発達障害だと思える子どもたちが少なくない学校もあった。目が合わない、じっとしていない、動きが止まらない……そんな子どもたちが学年70人のうち7、8人いる。

　どんな形でもよいから歌の授業を、というなら様々な手段を駆使して指導を進めていけばよいのだが、目的が違う。市内や地区の音楽会に向けての指導を……というのである。45分間で少しでも向上的変容を示さなくてはならない。

　短時間で手のひらにのせなくては、その後の歌唱指導ができない。いきなり説教は愚の骨頂。多くの一生懸命な子たちをほめながら、集中できない子どもたちを戒め、歌うことに気持ちを向けさせる。グレーな子への対応はずっと後だ。

　このときの指導の鉄則は『笑顔』これに尽きる。やり直しを命じるときにも、やんちゃ坊主を前に引きずり出してくるときにも、常に笑顔で軽やかに指導を進める。飛び込み指導の場合、空気が重たくなったら一巻の終わりなのである。

　では、どのように指導を進めたか……ある学校での指導開始場面を紹介しよう。

T：みなさん、こんにちは。（普通の声）
C：こんにちは。
T：♪みなさん、立ちまーす♪（裏声）
C：（ごそごそ、ノロノロ、ペチャクチャ、へらへら笑いながら立つ）
T：あー！ざんねーん！超遅すぎ〜。高速で座ります。♪座る♪
C：（速く座る子多数）
T：おおっ！いいねぇ。速く動ける子は賢い。歌も上手になる。もう一度、
　　♪立ちまーす♪
C：（スッと立つ子が増える。当然へらへらの子どもたちも大勢）
T：おお！さっきよりずっと素早くなったね。もう一回挑戦するよ。
　　♪座らない！♪
C：（だまされて座ろうとする子あり。笑いがあふれる）
T：ハハハ！よく聴いてないと、だまされちゃいます。♪座ります♪
C：（速く座る子。グッと増える）

原則10　温かい嘘の原則

T：そこの君！遅い！遅すぎる！こっちにおいで〜。(無理矢理引きずり出す。本人ヘロヘロ。「俺〜？」的反応)お名前は？
C：Aです。
T：Aさんか。よし、覚えたよ。3秒以内に戻れ。3・2・1！
C：(ダッシュで戻る。子：笑い)
T：おお！Aさん、速い！スゴイ！今のAさんくらい素早く動けるといいね。(当然Aさんは照れくさそうな表情)
T：立つときには、♪はーい♪と返事をしながら立ちます。皆さん♪立ちまーす♪
C：♪ハーイ♪(当然、霞のような声)
T：お返事の仕方の勉強です。
　笑顔で息を吸います。ため息！
C：ハーーーッ(顔が下がる)
T：もう一度、笑顔で息を吸って……
　笑顔のままため息！
C：ハーーーッ(笑顔の子徐々に増える)
T：♪ハーーーーーーーィ♪どんどん長いお返事にしていきます。笑顔で吸って……。
C：♪ハーーーーー……♪
T：(前のほうに並んでいる子で、笑顔で歌えている子を見つける)
　おおっ！すてきな笑顔の子がいるなぁ。はい、こっちにおいで。
C：(えっ！私？的な反応)
T：すてきな笑顔で返事ができてますよ。お名前は？Bさんのような笑顔でお返事をします。吸って……。

と、こんな感じで音楽を指導しながら生徒指導をしてしまう。

> 笑顔で『やりなおさせ』、ほめて『やる気』を引き出し、教師の手のひらにのせていく。生徒指導は授業の中で。

実は音楽指導より生徒指導のほうが得意かも…。

2　指摘せずにできるようにする

かおる先生が口癖のように言っている言葉がある、

> 悪いところ、できないところの指摘は誰でもできる。
> 指摘せずにできるようにするのがプロの仕事でしょ。

　力のない教師ほど、子どもの悪いところを指摘する。子どもたちにぐちぐち文句を言うのだ。最悪なのは、文句を職員室で振りまいている教師だ。嫌になる。
　発達障害を持った子も多く、たしかに昔のように一筋縄にはいかなくなっている。それでも、力ある教師はうまくいかないことを決して子どものせいにはしない。なぜうまくいかないのかを考え、研修会に参加したり本を読んだりして勉強し、自分の責任として必死に立ち向かっていく。「悪いところを指摘する」のは誰でもできることだ。道ばたにいるおばちゃんでもできる。教師の仕事は、そういった子どもたちを指導して伸ばしていくことだ。しかも、知的に楽しく指導できるようになりたい。そんな指導ができるからこそプロなのではないか。
　また、「指摘するなら、必ずできるようにさせる」それが教師の仕事なのではないか。そのために自分自身を磨き続ける…それができないのなら職を退こう！

> 指摘せずにできるようにする…それがプロの仕事

3　温かい嘘をつき続ける

好きな言葉がある。

> 冷たい本当より、温かい嘘

　この言葉の重さを感じたのは、以前勤めた学校で合唱部にいたTさんの事実

からだ。

　Tさんは4年生から合唱部に入ってきた。クラスでも課題のある子だった。学力も低めで、友だちからも避けられがちだった。しかし、合唱部の練習は楽しそうに取り組んでいた。

　音楽的にはどうだったか。声は重たく、音程は全くとれない、集中力も長続きしない。そんな状態だったので、コンクールという場では戦力外。4年・5年とコンクールの練習に参加するものの、ステージにも上がることはできなかった。

　なかなか進歩の感じられないTさんになんと声をかけてあげたらよいのか。苦肉の策で、私はこんな声をかけていた。

○Tさん、前よりいい声になってきたよ。（実は何も変わっていない）
○Tさん、ずいぶん音程がよくなったね。（相変わらずお経）
○Tさん、表情がいいよ。（ボーッとしていることが多い）

　一生懸命練習に来ているのだから、叱るのもかわいそうだしなぁ…というくらいの思いで、深い考えは何もなかった。

　Tさん、6年生の夏。自分の進歩がないことに気づけないTさんは、ステージに上がるべく夏のコンクール練習に参加していた。6年生なのだから、音がとれないTさんでもレギュラーとしてコンクールのステージに乗せてあげよう…などという甘いことは全く考えていなかった。

　そろそろレギュラーメンバーを絞り込まなくてはならない、ある日の練習で、アルトから深みのあるステキな声が聞こえてくる。「誰だろう？」とアルトに近づき、一人一人の歌声を聞いて歩いた。

　「エーーーッ！」あのときの衝撃は今でも覚えている。その声の主はTさんだった。

　「Tさん。すっごい上手なんだけど、みんなの前で歌ってみて。」

　びっくりしたのは、周りにいた子どもたちだ。クラスでも避けられがちで、合唱部でも注目度の低い（いや、注目度ゼロ）Tさんが、いきなりおおほめされたのだ。

　Tさんは、やや照れながらも指定されたところを歌い出した。アルトの深み

のある声！正確な音程！歌い終わったとき
「すっごーーーい！」
という子どもたちの歓声と拍手。Tさんは照れくさそうにしながらも満面の笑顔だった。まさに「逆転現象」が炸裂した瞬間。その年のコンクール。Tさんはレギュラーメンバーとしてステージに上がり、ステキな笑顔で課題曲・自由曲を歌い上げていた。

　声が重たいTさんに、「もっと明るい声で」と言わなくてよかった。
　音程がとれないTさんに「音程がとれてないよ」と指摘しなくてよかった。集中せずにボーッとしているTさんに「ボーッとしているんじゃない！」と叱らなくてよかった（時々言ってたかも…）。
「嘘をついてきた」という訳ではないが、Tさんに言い続けてきたことが本当になったのだ。
　Tさんの成長の事実が教えてくれたこと。それが、

> 冷たい本当より、温かい嘘

がいかに大切なことなのか。人の「やる気」を引き出す上でいかに大事なことなのか、ということだった。

　向山先生が言うように「髪の毛一本分の進歩を見取る」ことができる…それがプロなのだろう。しかし、そんなプロの眼力は簡単に身につくものではない。
　では、見取る力がないならどうする！

> 温かい嘘をつき続ける

それが教師の仕事なのではないだろうか。

> 温かい嘘をつき続け、子どもの「やる気」「気力」を引き出す
> それが教師の仕事

あとがき

　あるとき、ある校長に呼ばれてこんなことを聞かれた。
「横崎さんが、努力を感じずに努力できる事ってなんだい。」
　なかなか中核を突く鋭い質問だ。ぐっと考えてこう答えた。
「合唱だと思います。」
「そうか、じゃ、とにかく合唱を一生懸命やりなさい。」
　その校長には今でも感謝している。そういう校長にならなくっちゃ！

　あるとき、別の校長に呼ばれてこんなことを聞かれた。
「横崎さんが合唱をやっている目的ってなんだい？」
　なかなか、中核を突く鋭い質問だ。ぐっと考えてこう答えた。
「歌うこと、音楽が大好きな子どもたちを育てることです。」
「えっ！それだけなの？コンクールで勝って有名になるとか、そういうことを考えないの？」
　その校長には「こいつ、何言ってるんだ！」と、今でも腹が立つ。
　こういう校長にならないようにしなくっちゃ！

歌うこと、音楽が大好きな子どもたちを育てる

　これは私の合唱教育の出発点でもあり、遙か彼方にある大きな目標でもある。そして、修業を積めば積むほど、この簡単そうなことが、とてつもなく難しいことのように思えてくる。
　しかし、「歌うこと、音楽が大好きな子どもたち」を育てたい、音楽を一生の友だちにできる子を育てたい、そんな思いで共に歩む仲間がたくさんいる。
　それは、TOSSの仲間であり、埼玉県の音楽の仲間であり、夢を持ち集う仲間たちだ。こうして考えると、「合唱教育」を通して本当にステキなステージを歩めたのだなぁ…と、仲間たちには心から感謝したい。

　自分が取り組んできたのは「合唱教育」だ。音楽としての「合唱」よりも、

合唱を通して人を育てる「合唱教育」なのだ…ということを、今、つくづく感じている。

私の「合唱教育ロード」はまだまだ道半ばだ。依然として修業の身であり、今後も進化し続けたいと思っている。しかし、こうやって自分が歩んできた「合唱ロード」を、書籍としてまとめ、振り返るきっかけをくださったTOSS音楽代表の関根先生・樋口編集長には心から感謝している。

原稿締め切りまで２ヶ月という過酷な状態で書き始めた。はじめは「絶対間に合わない！」「絶対ムリ！」とパソコンに向かった。

この２ヶ月は音楽会トップシーズン。他校からの依頼を受け歌唱指導に飛び回りながら、音楽セミナーの講座もあり、校内の仕事をし、子どもたちが起こす問題にも対応する日々…「完璧にムリ！！」絶対的な確信。

気がついたら１ヶ月かからずに書き終えていた。（半分くらいは音楽トークラインで書いていたことなので…）人間、追い込まれたらなんとかなるものだ。

そんな調子で一気にまとめ上げた本なので「伝えきれないこと」「ぬけていること」もたくさんある。しかし、この本が、合唱指導に悩んでいる仲間にとって少しでも役に立ち、「歌うこと、音楽が大好きな子どもたち」を育てていくことにつながるなら、こんなにうれしいことはない。

横崎　剛志

【著者紹介】

横崎　剛志（よこざき　たけし）
大阪生まれ。埼玉大学教育学部卒業。埼玉県杉戸町・春日部市・越谷市の小学校で勤務。音楽専科・音楽主任の経験はなし！現在、埼玉県越谷市内の小学校長。埼玉県音楽教育連盟・埼玉県合唱教育研究会等の役員として務めている。
地域の合唱団を指導すると共に、TOSS音楽セミナー、合唱セミナー、県内外の音楽（合唱）研修会の講師として幅広く活動している。

さすが！といわれる合唱指導の原則
── 音楽教師がつくるステキな歌声づくりのヒント

2019年2月1日　初版発行
2021年2月25日　第2版発行

著　者	横崎剛志	
発行者	小島直人	
発行所	株式会社 学芸みらい社	
	〒162-0833 東京都新宿区箪笥町31 箪笥町SKビル	
	電話番号 03-5227-1266	
	http://www.gakugeimirai.jp/	
	e-mail : info@gakugeimirai.jp	
印刷所・製本所	藤原印刷株式会社	
企画編集	樋口雅子	
校正	菅　洋子	
編集協力	大庭もり枝	
本文イラスト	げん ゆうてん 他	
装丁デザイン	小沼孝至	

企画協力　株式会社教育芸術社／株式会社ジェイ・ピー・アイ
日本音楽著作権協会（出）許諾第1813919-801号

落丁・乱丁本は弊社宛にお送りください。送料弊社負担でお取り替えいたします。

©Takeshi Yokozaki 2019 Printed in Japan
ISBN978-4-909783-00-4 C3037